PanSci 泛科學專欄作者群 著

不腦殘科學2

【推薦序】

讓你很有哏且不腦殘

科普作家・青蛙巫婆／張東君

「腦殘」是個在現代社會上用來講別人時，可能會導致惹禍上身的名詞。但即便你並沒有這樣的意思，但光是為了增加自己聊天時的哏，或是在食衣住行的日常生活中，想要過得更開心、高興、健康、安全，那麼把這本《不腦殘科學2》擺在手邊，也是非常實在的一件事。因為它是由許多不同專業的作者共同寫出來的一部，貼近生活、匡正都市傳說網路謠言的實用科普書。何況每篇文章之後都還有附參考論文的出處，讓有興趣的朋友可以自行延伸閱讀或檢證，更是貼心極了。

所謂在食衣住行中的健康安全，包括個人的與環境的。舉例來說，家裡可能有許多沒吃完的藥。那是可以混在廚餘垃圾中丟掉，還是應該要綁在垃圾袋中丟掉呢？答案是都不可以。那其實得像廢電池丟去電池回收區一樣的，拿去藥品回收區處理。因為不論量的多少，現在已經有些抗生素或其他的藥物隨著垃圾掩埋滲入地下水再流入河川中，不但有可能在不太久的將來對生態系帶來危害，也可能會對我們的健康造成影響。雖說自己造業自己當，但是人類造業地球當，可就不對啦。

上面這篇文章雖然是被歸類在冷知識篇，但我覺得它被歸錯地方，實在應該要去〔健康篇〕。書中依序分別為〔動物篇〕、〔科技篇〕、〔健康篇〕、〔人際篇〕、〔飲食篇〕、〔心理篇〕、以及我最喜歡的〔冷知識篇〕。這不是說我不喜歡動物，而是人總是要不停的追求新知，找尋新哏啊！何況冷知識真的光聽篇名就很引人入勝。例如〈慢跑女孩的馬尾為何左右擺盪？〉、〈都敏俊該如何安全地吻上千頌伊？〉（我必須承認我沒有看韓劇，除了這好像是個走向跟E.T.截然不同的跟外星人交往故事之外），雖然乍看之下除了滿足好奇心之外好像沒有什麼用處，但是在我看來，好奇心就是判斷人和動物聰不聰明的基準啊。而且好的冷知識研究，還有機會獲得搞笑諾貝爾獎，非常的有趣。

各位朋友，即使周圍的人都覺得你的問題很蠢研究主題很可笑，也不要理他們。做自己想做的事就對了！（依據現在的許多規矩，要注意這得是不妨礙善良風俗、無礙健康的喔！）

繼續講到〔冷知識篇〕中對我來說極為重要的一篇。那就是〈為什麼我們看不到自己寫的錯字？〉。話說我兩年前出了一本名為《是誰把驢子變斑馬》的繪本，在書的最後把書中出現的所有動物通通做了圖文介紹。但是一直到要進印刷廠前一天，編輯熊熊想起故事背景在中東，有非常多的回教徒，要我們把書中不該出現的

豬通通找出來刪掉時，我們才發現在動物簡介中漏掉了榮登書名的主角驢子和斑馬。可見得大腦真的很聰明，「腦補」真的會發生。

這本書真的很好玩、很有趣，就等你帶回家，看完以後，蓋別人！

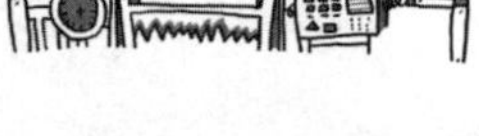

關於作者

Afore

一個沒有音樂就無法思考的女生。

cleo

是個標準的文科生，最喜歡讀的卻是科學雜誌，一天可以問上十萬個為什麼。

Louis

台灣大學土木所交通工程組畢業，交通工程技師及格，高考交通技術及格。只要一出家門，就有交通問題，交通政策往往讓民眾感受最深。做為一個本科系畢業的學生，希望可以讓大家用更科學的角度探討交通議題。

王晴瑩

成功大學醫學系畢業，PanSci前實習編輯。

王渝溥

其實是個化學家，但也喜歡研究天文、地理、氣象等等大自然的現象。熱愛把科學用幽默、藝術或其他創意方式傳達給大家。

李秋容

愛吃愛玩愛科學，過著沒錢的快樂日子。

吳京

正職是兩個娃兒的奶爸，在（很久沒更新的）部落格《吳京的量子咖啡館》上，發表自認有趣的科普文章。

吳易軒

喜歡跨領域的不停學習，覺得世界上沒有什麼不可能的事。

洪群甯

生活裡充滿荒謬的心理人，理解怪誕便是我活著的動力。

莊一清

高醫心理系畢業，愛吃而且喜愛心理學的女子，希望能將自身所學以不同的方式分享給他人。

配囧菜

植物病理學系畢業，喜歡這世界上所有美麗的事物，是個極貪心而雜食的人。具有嚴重的輕微強迫症，喜歡偷偷地把觀察到的世界書畫出來，會想盡辦法與不愛地球的人或父權腦拚命。臉書粉專：阿婆上街買菜

陸子鈞

詮識數位執行長，前泛科學主編。台灣大學昆蟲所畢業，興趣廣泛，自認和貓一樣兼具宅氣和無窮的好奇心。克制不了跟別人分享生物故事的衝動，就連吃飯也會忍不住替餐桌的生物分類。

陳亭瑋

不務正業的生科人，熱愛賞鳥與看書。

黃揚名

英國約克大學心理學博士，認為心理學應該要跟人的生活有關，致力於科普推廣，現在經營兩個科普平台「認知與情緒新聞網」及「銀髮心理科普知識推廣」。

葉綠舒

杜蘭大學生化所博士，曾任慈濟大學通識中心主任，著有「有邊讀邊學生物英文」。部落格「Miscellaneous999」、「老葉的植物王國」版主。

曾皓佑

專長為醫學昆蟲學及病媒傳染病，高中偶然拜讀了伊波拉病毒的故事，覺得研究病毒是件很酷的事，在昆蟲系讀書，才明瞭人類、蚊子、病毒的三角關係是大自然的奇妙邂逅。

黑熊

熱愛科學與教學，致力於以簡單的語言讓大家了解科學！

歐柏昇

臺大物理系與歷史系雙主修畢業，臺大天文社前社長，全國大學天文社聯盟創辦人，現為臺大物理所研究生。盼望從天文與人文之間追尋更清澈的世界觀，從宇宙中思考文明，並讓科學走向人群。

雷雅淇

泛科學主編，代號是（y.），是會在每年四、七、十、一月密切追新番的那種宅。對科學花心的這個也喜歡那個也愛，彷徨地不知道該追誰，索性決定要不見笑的通吃，因此正在科學傳播裡打怪練功衝裝備。

楊昀霖

一個剛畢業的職能治療師（occupational therapist, OT），希望以科學的角度推廣職能治療專業以及相關復健知識，讓更多人認識並加入職能治療專業！

蔣維倫

國家衛生研究院衛生福利政策研究學者，同時為《泛科學》、《故事》、《烙哲學》等平台之作家。興趣為生技醫藥和知識傳播研究。

貓心偵探

嗨~你好~我是台大心理系畢業，現為國北心諮所的研究生。你想更了解人心嗎？歡迎你跟著我一起探索心理學的神秘世界。歡迎你到ＦＢ搜尋：貓心偵探，就能找到更多關於我的文章~

擁抱自然

中正地環系學士、台大海研所碩士，在《地球故事書》、《泛科學》、《國語日報》等專欄分享地科的各種知識，想以科普寫作喚醒人們對地球的愛。

謝伯讓

腦科學家。杜克—新加坡國立大學醫學院助理教授、腦與意識實驗室主任。著有《都是大腦搞的鬼》和《大腦簡史》。

謝承志

中央大學認知神經科學碩士。現在是使用者經驗研究員，還是旅人、戲迷、電影粉、科技……慣性的用文字與照片記錄，保存在部落格「志言智語（http://jackyhsieh.info/）」。

羅紹桀

Pansci 前實習編輯，無法抗拒吸收冷門知識時的生理快感，興趣是利用科學理論煉成料理。

【哇賽心理學】

蔡宇哲

高雄醫學大學心理學系助理教授，台灣應用心理學會副理事長，哇賽心理學總編輯，希望可以把象牙塔裡的東西搬出來曬一曬讓大家瞧瞧。目前為泛科學、國語日報科學版、幼獅少年月刊、元氣網名人在線……等專欄作者，著有《神奇的心理學》。

周雅文

高雄醫學大學心理學研究所臨床心理組碩士

曾巧君

高雄醫學大學心理學研究所臨床心理組碩士

高星皓
高雄醫學大學心理學系一〇一級畢業生

楊鼎宇
高雄醫學大學心理學系一〇〇級畢業生

潘心儀
高雄醫學大學心理學系一〇一級畢業生

潘怡格
高雄醫學大學心理學系一〇一級畢業生

CONTENTS

為什麼我們看不到自己的錯字？——冷知識篇

為什麼人看到可愛的東西就想捏？——心理篇

為什麼皮膚會越抓越癢？——健康篇

豐盛的早餐可以改善肥胖問題？——飲食篇

毛小孩如何激發人類的愛？——動物篇

要用多少小孩的尖叫，
才能供應一座城市的電力？

——科技篇——

01 「尿」可以用來發電嗎？

文／雷雅淇

全世界超過十億的人口在現在仍然無法獲得基本的電力，眾人無不努力找尋方法節省能源耗損或是有潛力的新的替代能源。而尿液發電的技術會成為這個難題的解答嗎？

現今地球人口超過七十億，每天產生一〇五億公升的尿液，這樣的尿液量相當於四千二百個奧運規格的游泳池（但我想你不會想在裡面游泳）。而現在有些科學家想用他們的方法，讓這些人類廢棄物不會再被浪費了，反而成為可利用的資源。

全球大約有七分之一的人口無法獲得基本的電力，而石油供應不斷下滑，火力發電又會增加溫室氣體，科學家們無不致力於尋找可以再生以及提供更多電力的發電方法。或許不太可能發電的來源會是解決這樣困境的答案，像是剛剛提到的那四千二百個游泳池的尿液。

英國的布里斯托機器人實驗室在去年就用尿液發電供應了手機的電力。他們的設備利用的是微生物燃料電池（microbial fuel cells, MFCs），可以讓智慧型手機上網、打字，以及進行簡短的通話。而且他們相信，士別三日後，這樣的尿液發電系統最終可以供給一整個房屋或是大樓的電量，甚至是讓一整個村莊有獨立的蓄電系統。

微生物燃料電池的本質是一個能量轉換器，它使用自然界中發現可以分解有機物的細菌，而這樣的細菌能進而產生會被轉換成能量的電子。這會是一個具有自我更新能力的系統，因為越多的廢棄物給微生物分解就會產生越多的能量。微生物燃料電池也是目前能將廢棄物最有效轉化成能源的方法之一。

根據Sanergy的聯合創辦人Ani Vallabhaneni表示，如果想在肯亞的貧民窟把人類的廢棄物轉換成能量和肥料，若像是一般的沼氣池將大部分的廢物轉化成甲烷氣體的話，能量捕捉效率大約是35％；而微生物燃料電池則可以將效率大大提升到85％。

其實關於微生物燃料電池的研究早就不是什麼新鮮事，在一九六〇年代，NASA就開始研究使用稻穀的微生物燃料電池；在二〇〇〇年以後，這個領域更是蓬勃發展，相關的研究簡直多到快炸掉，也讓再生能源有更多的可能性。

布里斯托尿液發電手機充電器背後的主要研究人員oannis Ieropoulos和他的研究團隊，自二〇〇二年以來一直致力於這項技術改良，在最近有了新的突破。

在微生物燃料電池領域的其他科學家大都致力於提高單一電池的效率，以便能產生更多的電。而布里斯托團隊的做法是把許多小規模的微生物燃料電池串在一起，以獲得更多的電量。

當然微生物燃料電池是很有前途的，但它卻不是能讓尿液產生能量的唯一方式。

尿液的組成分大約是98%的水和2%尿素，而尿素又是由碳、氫、氧、氮等元素組成。俄亥俄大學的研究員Gerardine Botte，最近在開發一個喚名為「綠盒子」的裝置，它可以利用電解的方式將尿素分裂成氫原子和氧原子，然後捕獲到的氫就可以被利用來產生能量；而氮也可以被用於人造肥料。

微生物燃料電池系統是很單純的讓自然界的細菌產生新的電力，但綠盒子的產電過程中仍需要有恆定的電力來源去分裂尿素才能產生氫。所以綠盒子最重要的貢獻並不是在能產生新的能量，而是可以在處理廢棄物的過程當中將能量回收。這樣的裝置可以設置在汙水處理廠中，回收的能量可以再用做處理汙水之用。

所以，尿尿真的能成為未來的能量來源嗎？

事情絕對沒有那麼簡單，目前最大的障礙是成本、規模和產量。若能在商業的規模下，這些系統若真的應用於汙水處理廠，便可以透過處理尿液得到的能量又再反饋到系統以節省巨大的能源成本。但對於讓一般家庭或是辦公室使用的小規模，這樣的系統仍無法產生足夠的電力去打消空間以及金錢的花費成本。

研究人員估計，如果在二千五百人的村子安裝一個一立方米的微生物燃料電池系統，透過尿液不斷經過盒子，大概可以產生約五百瓦的恆定電流。這相當於每天有十二千瓦小時的能量，足夠讓一個五十瓦的燈泡照明二百四十小時。

這樣一套系統的成本大約在五千～一萬美元。雖然有點昂貴，但它可以使用很長的時間，因為這些微生物可以在內部自我更新。只要能給細菌廢水，他們就可以快快樂樂的過生活，還能產生能量。相較之下，同樣是再生能源的太陽能板可以提供更多的電力，但並不能持久，或者可以清理汙水。

布里斯托機器人實驗室的研究人員也還在努力讓它的售價能更平易近人。尿液發電手機充電器的原型只需要幾百英鎊，但他們希望能創造可以用在地材料製成更便宜的機型，讓這項技術能用在世界各個地方。

畢竟必須面對現實的是，儘管這樣的想法很好，但如果技術不能突破也沒辦法被應用在貧窮的國家。我們也不能指望每一個村莊都能有裝配一個化學工程師，所以這樣的系統還必須要具有簡單、堅固、壽命長，並且會自我回報錯誤的機制。

或許以後不管是在叢林或是草原或其他的地方徜徉在大自然，也能隨時幫手機充電，只要偷偷躲到草叢尿尿就好了。

參考文獻：

● Jonathan Kalan. Is pee-power really possible? BBC News[12 March, 2014]

02

為什麼飛機墜機後，黑盒子這麼重要？

文／陸子鈞

每當有飛安意外，新聞媒體很可能會報導：「正在進行一個搜救黑盒子的動作。」記者使用了「搜救」，又談到黑盒子可以幫助釐清事發原因，或許有人會以為「黑盒子」是一位見證飛安意外的倖存者。「黑盒子」（Black Box）嚴格來說應該稱作「飛行紀錄器」（Flight Data Recorder, FDR），而且一點也不黑。

最早的黑盒子可以追溯到二戰時期，芬蘭的航空工程師 Veijo Hietala 設計了一款黑色外觀的盒子，並以已故的知名女間諜瑪塔・哈里（Mata Hari）為名。不過這個黑盒子並不是為了記錄資料以釐清飛安意外原因，而是為了記錄試飛過程的重要數據，設計出更精良的飛機。

到了一九五〇年代，澳洲的工程師大衛華倫（David Warren）設計了一款不只能記錄儀器讀數的黑盒子，同時還能記錄座艙的聲音，也就是「座艙通話紀錄器」（Cockpit Voice Recorder, CVR）的原型。一九五六年發生了「大峽谷空中相撞事件」，促使飛行規定大大改進，包括規定民航機必須安裝黑盒子。幾年之後，黑盒子的位置規定裝在飛機尾端，以提高飛機墜毀後資料保存的機會；黑盒子也

改為橘色外觀，方便在殘骸堆中搜尋，不過「黑盒子」的外號仍保留下來一直到現在。

早期的黑盒子使用磁帶來記錄，在一九九〇年代之後，黑盒子的紀錄元件改用固態記憶體，減少機件故障的風險，也能承受更大的撞擊力道。不同大小的飛機的紀錄器形狀略有不同，但相同的是，它們都必須能抵擋三四〇〇G的撞擊、磁場干擾、穿刺、持續一小時的1,100℃高溫、海水的高鹽環境、飛機油料的侵蝕。橘色外觀上貼著反光條、還有一行「FLIGHT RECORD DO NOT OPEN」（飛航資料紀錄器，不可打開）的字樣，就像標註著這款黑盒子通過煉獄般的考驗，耐得起各種重大災難並忠實記錄著事發經過。

如果飛機不幸墜毀在海中，水下定位信標在遇到水後，會因為短路而每秒發出一次37.5 kHz的超音波訊號，能穿透四二六七公尺的深海。雖然人耳聽不到的，但水下聲納可以找出發出訊號的位置；信標的電池夠讓訊號連續發出三十天。

飛行紀錄器能記錄長達二十五小時的資料，以往磁帶能記錄的資料不超過一百項，但固態記憶體能記錄超過七百項資料，從飛行速度、高度、羅盤方位、平衡、油料殘量……到油箱溫度、液壓系統狀況、機翼姿勢、駕駛艙各控制桿的位置，鉅細靡遺，依照各種飛機的複雜程度不同，有不同的資料量。美國聯邦航空管理局規定，二〇〇二年八月之後，飛行紀錄器至少要記錄八十八種資料，現在大型噴射客機可能記錄到多達三千種資料——不過誰也無法保證會不會有哪個造成事故的參數沒被記錄到。

座艙通話紀錄器則是記錄著駕駛員通話紀錄還有座艙的環境音，但是紀錄器的設計只循環記錄了最近時段的聲音紀錄，不會完整記錄整趟飛行過程的聲音；如果以二小時為一循環，那麼最近的一則聲音，會取代兩小時前的那筆紀錄。不過這情況未來可能會改變。

二〇〇九年法航447號班機空難，黑盒子在兩年後才尋獲，這讓世界第三大的飛機製造商——加拿大的龐巴迪（Bombardier）開始思考「即時飛航遙測」的可能。「即時飛航遙測」和黑盒子不同，能將飛機的即時狀況透過3G基地台或是衛星傳給地面的接收站。要是飛機不幸失事，能從接收到的最近幾筆資料推斷出事發地點，使搜救行動更有效，而且也不必擔心黑盒子在空難中損毀，就沒有資料可以調查。

目前龐巴迪在二〇一三年出廠的C-Series 噴射客機配備有「即時飛航遙測」，然而這項設計並不是一開始就是為了空難鑑定，是為了收集駕駛員的操作習慣，作為依據來調整飛機的設計或者規劃出更節能的飛航方式。聽起來很棒，不過「即時飛航遙測」現階段還無法取代黑盒子；從技術上來看，得有足夠的衛星能夠覆蓋航線，目前可能的候選是由六十六個通訊衛星組成的銥衛星網路（Iridium Network）；此外，還要有足夠的通訊頻寬才能傳輸這麼龐大的資料量，光是建置硬體的成本就高得嚇人。也許能以「間歇傳輸」取代「全時傳輸」，或者只傳輸最最重要的幾項資料，將其他細節資料依然記錄在黑盒子中，如此能減少通訊的資料量。「即時飛航遙測」的極致是希望有一天當飛機出事時，從地面接管飛行員的操控，避免像是九一一事件的自殺恐怖攻擊、或者飛行員慌亂，讓飛機安然降落。

參考資料：

- Flight recorder — Wikipedia
- How Black Boxes Work — HowStuffWorks
- The future of the black box flight recorder explored. WIRED.uk [26 July 2011]
- Bombardier readies C-Series for avionics testing. Avionics Intelligence [December 23, 2013]

03 要用多少小孩的尖叫，才能供應一座城市的電力？

文／陸子鈞

怪獸電力公司（Monster Inc.）是一家永續能源企業，靠著人類小孩尖叫產生的能量發電，過程不會產生核廢料或者汙染空氣。但究竟要多少尖叫的小孩才足以供應一座城市的用電？

叫亮燈泡

要由小孩子的尖叫來點亮燈泡，首先得將聲音轉換成電力，而聲音就是物質（空氣）的震動，所以從目前已知的科技來看，最有可能的就是利用「壓電材料」（piezoelectric material）——一種能將動能轉換成電能的特殊材料。

在二〇一〇年九月，三星綜合技術院（Samsung Advanced Institute of Technology, SAIT）的研發團隊就發表了一項研究，利用奈米級的壓電材料，製作出可以靠聲音發電的裝置。

這個裝置上層是一面由鈀（palladium）／金製成的電極，下層的壓電材料是數萬根奈米級氧化鋅（zinc oxide, ZnO）排成的陣列，每根氧化鋅「柱」長10微米，直徑僅150奈米。當聲波震動電極，壓彎底下的壓電材料——氧化鋅柱，就會產生電力。在一平方公分下，一百分貝（dB）能夠產生50毫伏特（mV）、約0～0.3微瓦（μW）的交流電，不過這是極限，即使再提高分貝，也不會產生更多電力。

雖然這電力看起來很微弱，但已經可以提供一些小型電子設備的部分電力。假如怪獸電力公司真的採用這項科技來發電，比較可能的是將奈米聲波發電裝置裝在「任意門」的「外框」中。

多少小孩的尖叫才能支持一座城市的用電？

要回答這問題，得先知道小孩的尖叫或者哭鬧能產生多少分貝。根據一位身為母親的物理學家在自己的部落格提到，她女兒哭鬧聲是一一三分貝，而人類的尖叫聲也在一一九分貝以下。這聲音強度雖然超過一百分貝，但奈米聲波發電裝置的最大發電量就是每平方公分0.3微瓦。

如果「任意門」外框中使用50 cm2的奈米聲波發電陣列，那麼一次尖叫可以產生15微瓦（0.3微瓦 / cm2 × 50 cm2）的電力。

那麼，多少尖叫的小孩才能支持一座城市的用電？

以台北市為例，根據環保署公開的非營業用電統計資料，二〇一三年六月住宅總用電量是352,640,859度，平均每小時消耗489,779瓦。要支持這些電力，得找到32,651,934位尖叫或哭鬧的小孩才行！再根據內政部戶政司的資料，二〇一二年底全國一～四歲的孩童只有七四六七三九名。因為每位小孩只能被嚇一次，而且怪獸電力公司只能在夜間發電，所以台灣的小孩只能供應台北市一分二十二秒的夜間用電！不過夜間屬於用電離峰時間，所以供電時間可以再長一點。

雖然簡單的計算發現怪獸電力公司確實可以供應微薄的電力，但是要作為永續能源的話，還是把奈米聲波發電裝置設在高速公路的隔音牆中比較實在。而且節約用電才能真正永續，畢竟一小時超過三千二百萬個小孩在哭鬧，我覺得比全球暖化還可怕……

參考資料

- S. N. Cha, J. S. Seo, S. M. Kim, H. J. Kim, Y. J. Park, S. W. Kim, and J. M. Kim. (2010) Sound-Driven Piezoelectric Nanowire-Based Nanogenerators. Adv. Mater. 22, 4726.
- Nanotechnology energy generation using sound. nanowerk [Sep 23, 2010]

- How Loud Can Your Baby Cry? — Laser Mom
- Shout (sound) — wikipedia
- 環保署綠色生活網 非營業用電統計
- 內政部戶政司 人口資料庫

04 體感溫度跟氣溫哪一個比較準？

文／王渝溥

每逢冷氣團或寒流來襲時，只要打開電視，新聞主播總是不斷提到體感溫度：「北部地區預計低溫9度，體感溫度更可低達3度……」大家或許感到疑惑，溫度有實際溫度和體感溫度兩種，到底要用哪一種呢？

首先回歸氣象單位的標準職務——觀測、記錄並預測天氣，反映到民間就是讓大家預先知道今天、明天、未來的天氣，除了為將來可能發生的氣象災害做好準備之外，也能對每天出門時要怎麼穿、要不要帶雨傘等等這些最基本的問題有些概念。帶雨具與否可由降雨機率來決定；至於穿多穿少的抉擇，當然與溫度息息相關了。

想必大家多少都注意到，溫度固然非常重要，但並不是影響感覺冷熱的唯一因素。常有人說：濕冷比乾冷感覺冷、濕熱比乾熱感覺熱；夏天有風感覺涼爽、冬天有風感覺冷颼颼。所以各國氣象單位為了符合民眾的最基本要求——「出門怎麼穿」，而發展出一些公式計算出在特定天氣情況下的感覺像是溫度幾度，這就是所謂的體感溫度。

酷熱指數

體感溫度的計算方式有很多種，首先考慮濕熱vs.乾熱的問題。美國氣象學家喬治・溫特靈（George Winterling）在一九七八年發展出了「酷熱指數」（heat index），後來被美國國家氣象局（NWS）採用，作為夏天的體感溫度。計算酷熱指數的公式只與溫度和濕度相關，簡單而言，同樣溫度下濕度越高，酷熱指數也越高。因為人體散熱主要依靠的是體表水分的蒸發，環境濕度越高，水分蒸發也越慢而不易散熱，讓人感覺更加炎熱。

這個指數對許多因素如個人身高體重、衣服多寡、日照、風速等等都做了假設，若實際情況偏離假設過大時，計算出的酷熱指數偏差也會很可觀。其中最主要的假設有二：1.酷熱指數是基於在陰影下的溫度，若曝曬在太陽下，體感溫度可增加達八度之多。2.指數不考慮風速的影響，若有風會讓體感溫度降低，除非氣溫比體表溫度還高。酷熱指數的公式如下：

$$\mathrm{HI} = c_1 + c_2T + c_3R + c_4TR + c_5T^2 + c_6R^2 + c_7T^2R + c_8TR^2 + c_9T^2R^2$$

其中HI為酷熱指數，T為溫度、R為相對濕度。c1～c9是九個常數。

加拿大氣象局使用另一個版本稱為濕度指數（humidex）的體感溫度，J.M.馬斯特頓（J. M. Masterton）和F.A.李察森（F. A. Richardson）在一九七九年提出，概念與酷熱指數相似，都是基於濕度越高、體感溫度越高的假設。濕度指數的公式如下：

$$\text{Humidex} = T_{\text{air}} + 0.5555\left[6.11e^{5417.7530\left(\frac{1}{273.16}-\frac{1}{T_{\text{dew}}}\right)} - 10\right]$$

其中Humidex為濕度指數、Tair為溫度（攝氏）、Tdew則為露點溫度（絕對溫標）。

「露點溫度」是什麼呢？這是指當你將潮濕空氣降溫時，使空氣中的水氣飽和所要達到的溫度。由於溫度越高，水越容易蒸發，也會產生越多的水蒸氣，因此空氣中可以容納更多的水蒸氣才會飽和。

溫度越低，飽和水氣量越低，當空氣中含水量超過飽和時，水氣就會凝結成露。露點溫度高的意思，就是在更高的溫度時水就會凝結出來了，表示空氣中的濕度高。所以露點溫度與濕度是成正比的。大家想想看，在悶熱的夏天，喝一罐冰涼的飲料消暑，罐子外面是否會凝結水珠呢？這就是因為飲料的溫度低於露點溫度的

關係。如果天氣比較乾燥，或者飲料不冰，飲料罐上的水珠就比較少、甚至不會有水珠。

至於相對濕度裡的「相對」，就是指空氣水氣量相對於飽和水氣量的百分比。

風寒指數

在台灣，大家聽到體感溫度的主要場合是冬天的冷氣團與寒流來臨。氣象學家一般假設在天氣寒冷時，影響體感溫度的主因是風速而不是濕度。由於溫度較低時，一來空氣中飽和水蒸氣壓也低，水氣多寡的變化範圍較窄；二來無風下蒸發速率也遠不及熱天，因此濕度對散熱以及體感溫度的影響較小。這時候體表散熱主要助力，就是空氣流動（風）了。

那麼為何大家覺得濕冷比乾冷還冷呢？這是因為，台灣的濕冷天氣經常伴有霧或雨，液態水與氣態空氣相比，更容易傳導熱量；而且水的比熱也遠比同體積的空氣高，因此當水滴附著在身體和衣服上時，可以帶走遠比空氣更多的熱，若還加上風的吹拂讓水分得以蒸發，更讓你感覺加倍寒冷。但由於降水強度的預報是相對新穎的氣象技術，當初在設計冬季體感溫度時，便做了人體不直接接觸降水的假設。

美國與加拿大氣象組織當初設計的風寒指數，真的是個指數（Wind Chill Index），算出來是一個與體感溫度完全不同的數字；因此也提供民眾一個資訊，當這個指數高於1,400時便容易凍傷。在二〇〇一年十一月，美國、加拿大和英國的氣象學家共同發展出新的風寒指數，其公式如下：

$$T_{wc} = 13.12 + 0.6215T_a - 11.37V^{+0.16} + 0.3965T_aV^{+0.16}$$

其中Twc為風寒指數、Ta為溫度（攝氏）、V為風速（公里／小時）。但風寒指數與酷熱指數一樣，也基於許多假設，因此個人穿著多寡、是否有陽光、降雨降雪情況等等的差別，也會造成個人體感溫度的不同。

體感溫度

上面提到，體感溫度與濕度、風速、日照和人體都有關係，其中日照和人體的個人差異比較難以量化，因此體感溫度所採用的公式，只將濕度和風速納入考慮。與美國和加拿大使用的酷熱指數、風寒指數相比，中央氣象局的體感溫度，採用的是R.G.斯戴德曼（R. G. Steadman）在一九八四年發表的《體感溫度的通用公式》（A universal scale of apparent temperature）：

$$\text{體感溫度} = (1.04 \times \text{溫度}) + (0.2 \times \text{水氣壓}) - (0.65 \times \text{風速}) - 2.7$$

其中溫度以攝氏為單位、風速以公尺／秒為單位，水氣壓的單位為百帕，計算公式如下：

$$\text{水氣壓} = (\text{相對濕度} / 100) \times 6.105 \times \exp[(17.27 \times \text{溫度}) / (237.7 + \text{溫度})]$$

澳洲氣象局使用的體感溫度與此相似，只是溫度、水氣壓和風速的係數有些微不同。

這個體感溫度公式，可謂冬夏適用。其中濕度在溫度較高時對體感溫度造成顯著的影響，溫度低時影響甚小；而在此公式中，也做了一個假設：風速對體感溫度的影響是線性的，不論四季，只要有風，降低體感溫度的程度都是相同的。因此顯而易見，這個對風速的假設有潛在的問題——當熱浪來襲，氣溫比體溫還高的時候，風雖然帶走體表的更多水分，卻也讓更多比身體還熱的空氣接觸身體，風力對體感溫度的影響程度就遠不及天氣較涼的時候了。

體感溫度只是一個將人體實際感覺到的溫度粗略量化的方式，計算過程中做了許多假設和簡化；但實際上每個人對溫度的感覺都不盡相同。因此在新聞用聳動的標題，報導超高或超低的體感溫度之餘，別忘了天氣如人飲水、冷暖自知，體感溫度僅供參考！

參考文獻

- 維基百科
- 中央氣象局常識宣導，（12）體感溫度預報服務。

05

在網路神遊的習慣與睡眠有關？

文／周雅文

你睡眼惺忪地坐在電腦前，看著一堆即將處理的待辦事項，心想在開始處理這堆工作先收個E-mail吧，看完信件後又忍不住點開臉書看看新動態，接著想說上網拍跟論壇瞄一下……不知不覺，發現已經過兩個小時了！工作都還沒做但卻買了一堆網拍商品。這種網路神遊（Cyberloafing）的經驗相信很多人都有過，但為什麼明明該認真工作卻適得其反呢？研究發現，睡眠可能是其中一個影響因子；當睡眠不足或睡不好時，工作時就越容易出現這種網路神遊的狀態。

「網路神遊」指的是花許多時間在收發電子郵件和瀏覽網站上，而忽視了正在做的工作。隨著網路普及化，網路神遊出現的比例日益升高，這個行為產生和自我調控有很大的關係，自我調控能力佳的人可以準確分析現在該做的事情，並壓抑那些想尋求其他娛樂的衝動以先完成正事。影響自我調控能力的原因有許多，睡眠也是其中很重要的因素。

當你抑制點開臉書、網拍的衝動時，就會消耗掉一些資源，而隨著使用越多，資源會逐漸耗竭，也因此抵抗衝動的能力就會越來越低，此時睡眠是一個補充資源的好方法。有研究者想瞭解睡眠情況與網路神遊的關係，他們認為睡眠不足或是睡不好都會讓自我調控的能力變差，進而有較多網路神遊的情況發生。他們請了九十六位大學生來進行實驗，前一天晚上佩戴腕動儀以記錄當晚的睡眠時間，與睡眠中醒來的次數。隔天讓參與者單獨待在一間小房間，裡頭有電腦與耳機，他們被要求觀看一段四十二分鐘的無趣影片，內容是一位應徵大學教職者的演講，參與者需對該位教授的教學技巧進行回饋和評斷。由於影片實在太長、太無聊了，因此參與者多少會邊瀏覽網站邊看影片，不過他們並不知道電腦其實裝了監控軟體，會記錄除了觀看影片以外還被用來上網的時間有多長，以此來評斷網路神遊的情況有多嚴重。

結果發現，網路神遊的時間長短可由睡眠時間長短、睡眠中斷次數來預測，睡得比較少或是睡著後醒來次數較多的話，就會花比較多時間在網路神遊這件事上。但這之間還是有個別差異的，同樣都睡眠不足的情況下，專心程度高的人所受的影響就略小一些。當然，睡眠不足與網路神遊之間還只是相關，此研究還無法確認兩者間是否確為因果，尚須進一步研究來瞭解。

若你不想在電腦前胡亂瀏覽網站而無心工作的話，那麼就請今天開始睡個好覺吧！

參考文獻：

- Lost sleep and cyberloafing: Evidence from the laboratory and a daylight saving time quasi-experiment. doi: 10.1037/a0027557.

06 紅綠燈的秒數是如何被決定的？

文／Louis

市區道路交通最令人厭煩的莫過於停等紅燈，當你發覺某個路口的紅燈比其他路口還要來的長時，這個路口可能是一個長週期的號誌化路口。

交通號誌由三個燈號組成，分別是綠燈、黃燈、紅燈。三個燈號依序循一週稱之為週期（Cycle），燈號與週期的比值稱為時比（Split），例如以下兩種情況的綠燈時比都是50％：

1. 週期一百秒，綠燈五十秒，黃燈三秒，紅燈四十七秒。
2. 週期二百秒，綠燈一百秒，黃燈三秒，紅燈九十七秒。

我們可以發現，長週期的綠燈時間長，紅燈時間也長，但是以一個小時來計算，這兩種號誌時制的設計，綠燈時間皆為一千八百秒。既然綠燈時間的總長都一樣，為何有些路口使用短週期，而有些則使用長週期呢？

不是越短越好，但也不能太長。

事實上，一個週期會被切割成幾個部分，分配給不同方向的車流通行，稱之為時相（Phase）。

以一個十字路口為例，最常被切分成東—西以及南—北二時相來運作，當東西向綠燈時，南北相為紅燈，南北向綠燈時，東西向則是紅燈。短週期的時相變換比長週期還要頻繁，以上述的例子來說，週期一百秒的二時相路口，一個小時會進行七十二次時相轉換，週期二百秒則為三十六次。

時相的變換會產生兩個問題，首先紅燈結束，綠燈剛開始時，路口停止線大約是前四輛車的駕駛人，必須要多一點時間來反應，導致車輛通過停止線的時間較長。而當綠燈結束亮起黃燈時，許多能夠通過路口的車輛決定減速，放棄通過路口，導致黃燈時間沒有被利用到（其實還有接在黃燈之後，所有方向都是紅燈的時間也未使用）。這兩段因為時相轉換，使得路口沒有被充分利用的時間，稱之為損失時間（Lost time）。

短週期時相變換頻繁，產生較多的損失時間，而長週期則否，所以長週期的號誌化路口可以被更多的車輛通過。

但是長週期路口有一個缺點，就是平均每輛車因為被紅燈影響而產生的延滯（Delay）增加了，而平均延滯卻是評估號誌化路口好壞的重要指標。所謂延滯是指車輛經過號誌化路口時，因減速、停車及加速而增加的旅行時間，依照《公路容量手冊》之劃分，平均延滯小於15秒／車之路口擁有最佳的A級服務水準，而大於80秒／車之路口為最差的F級服務水準。

至於為何以平均延滯作為號誌化路口的績效指標，而不以其他指標如平均旅行時間或是飽和度來評估號誌化路口呢？因為平均延滯比起其他指標更能反應路口使用的真實情形。

總而言之，作為評估路口績效好壞的平均延滯，透過數學證明，在相同時比的前提下，週期越長，平均延滯將會越大。若路口的平均延滯大，代表多數車輛抵達該路口時是處於紅燈時段，必須經過停等才能通過該路口。

除此之外，長週期的紅燈時間長，容易造成駕駛人的不耐。關於這點，近年來許多國家採用紅燈倒數計時（包括台灣），不但可以降低駕駛人停等紅燈的煩躁，亦可以提醒駕駛人紅燈即將結束，以減少紅燈轉換綠燈時的損失時間。

07

地震的發生可以被預測嗎？

文／擁抱自然

根據美國地質調查所的統計資料，全世界每週動輒發生二十～三十起規模4.5以上的地震；也就是說，多數的地震都沒被「預報」。

所謂的「實用地震預測」，應該包括了時間、地點、規模、深度，以及使用理論的可重覆驗證性。以目前的科技與科學發展，要完全做到上述五點，實在是強人所難。尤其是可重覆驗證的理論，等同於我們要理解，從能量的累積到釋放，地底下斷層面上不同深度位置的岩石性質、摩擦力行為等等，才能夠精準地針對短時間尺度提出預測。以下簡單介紹一些目前科學家認為可以作為預測的工具與分析前兆的研究：

大地測量地殼變形

根據野外地質調查與大地測量的紀錄，在大地震發生時，地殼會產生變動，而由全球的ＧＰＳ定位測量結果，得知世界各地的陸地正不斷的移動著。而台灣正處於我們熟知的歐亞板塊和菲律賓海板塊的邊界上，兩板塊以每年八公分的速率相互靠近，而這些移動累積的地殼變形，就累積在台灣島與鄰近的區域中。然而，目前為止，地殼變形僅能作為能量估計。

井水含氡量變化

前蘇聯的科學家在加爾姆地區發現到水井中的含氡（Radon）量於地震前會增加，亦用以預測地震。而在許多次大地震前亦有觀察到此種現象，而其理論依據，科學家認為是岩石受到強大壓力時，岩石內部產生許多小裂隙，而使得岩石更容易接觸到地下水，同時吸收了岩石中含有放射性的氡，直到地震發生後，氡的含量才會逐漸下降。

電離層出現異常

近年來科學家也開始注意到，電離層的電子含量會有異常的變化，而要觀測這樣的變化，由GPS地面接收端記錄衛星發射的電波訊號，進一步去反演電離層的電子含量。對於GPS而言，電離層的電子變化會影響定位的精確度，因此必須要先求得電子含量的變化來做修正。以目前的理論來嘗試解釋，可以說是地殼的

變形間接影響到了三五〇公里的高空電離層，但實際上的機制仍未明朗。

大地震前的異常地震分佈

二〇一一年三一一地震發生後，東京大學地震研究所助理教授加藤愛太郎等人從主震之前的地震活動，發現了一些蛛絲馬跡。在主震的破裂區域發現了微震（規模2左右的無感地震）的「遷徙」活動，從二月份時緩慢移動了一次，接著在兩天前規模7.9的前震發生之後，又發現了一次遷徙現象，加藤的研究團隊認為這有可能是一種前兆訊息，並發表於二〇一二年的《科學》期刊。與上述地下水含氡量的機制變化一樣，微小的地震帶很多是岩石慢速、小規模的破裂，科學家認為可能這就是大的斷層破裂之前，累積到極限的變形行為。

大地震的再現週期

說到地震的「再現週期」，其實有兩種定義研究方式，第一種方式較為直覺，就是用地質的方式，以車籠埔斷層為例，從對車籠埔的斷層開挖研究，地質學家找到了五次的古地震事件紀錄。分別為西元一九九九年、西元一六五〇～一五二〇年、西元一二七〇～一一六〇年、西元一〇六〇～一〇三〇年、西元五七〇～四〇〇年、西元二四〇～二五〇年。這些錯動的規模都不輸九二一地震產生的錯動量；也就是說，我們可以推演未來車籠埔發生大地震可能約在西元二三四〇±九〇年。（註：只能作為長期預測參考）

另一種方式則是以數學和物理的模型來解釋，經由上述提到的大地測量、地震隨時間、空間上的變化，來估算斷層累積了多少能量，甚至可以結合地質上的紀錄來進行估算。然而地下構造的複雜，有如大氣的混沌性，我們僅能推估概率，還未能完美的驗證，日本在三一一前並未估算到最大會發生9.0等級的地震，而在中國大陸的汶川地震亦是如此，最直接的原因，就是我們目前累積的地震資料與對地底下的認知還是太少。

參考文獻：

- A. Kato, K. Obara, T. Igarashi, H. Tsuruoka, S. Nakagawa, N. Hirata, Propagation of Slow Slip Leading Up to the 2011 Mw 9.0 Tohoku-Oki Earthquake, Science, vol335, 705(2012)

08

美觀的產品會讓人更有品牌忠誠度嗎？

文／高星皓

你對於某個品牌的汽車情有獨鍾嗎？吸引你的是因為它擁有強大馬力、低耗油，還是它外觀看來超酷呢？或許多數人會認為，車子是買來開的，當然是考慮到它的功能，好開又安全才是重點。然而來自舊金山州立大學一項研究指出：品牌忠誠度以及對於品牌的喜愛是受到「外觀」所影響，「性能」甚至是「價錢」的影響力並不大。

這項研究是由舊金山大學的米努庫瑪爾（Minu Kumar）及其研究團隊所發現的。他們找了七百名參與者，研究他們對於三十輛小型轎車中的五個價值的意見，以及這五個價值對於品牌忠誠度的影響，分別是：

- 社會價值（例：這台車是否使你感到自己成功？）
- 利他價值（例：這台車是否符合環保？）
- 功能價值（例：這台車是否低油耗？）

- 情感價值（例：這台車是否好看？）
- 經濟價值（例：這輛車的價格是否低廉？）

研究結果顯示，對品牌忠誠度而言，社會及情感價值對於品牌的情感才有顯著的影響，而不是我們一般所想的功能價值。簡單來說，就是這輛車夠不夠帥，或是能讓你覺得尊貴不凡才是重點。所以在設計產品時並不見得要以功能為優先考量，若能以美感為優先的話，那會與消費者有更多的連結，而這樣的連結就會鞏固對於品牌的情感與忠誠。

或許你會說：「東西買來是要拿來用的，功能比較重要吧？」然而這未必是正確的，至少在品牌情感及忠誠來說未必是正確的。消費者會漸漸忘記產品的功能、屬性，但如果一個品牌有好的外觀或是能讓你感到驕傲，對於這個品牌的情感與喜愛是會長久維持的。而或許這就能夠說明，為何許多高檔車的功能雖然沒有好上一倍，但價位卻可以貴上四五倍，還是得到許多消費者的青睞！

雖然利他價值對於品牌忠誠沒有顯著影響，但是研究者發現這是具有區域差異的，例如在美國西岸就成了一個重要的指標，車商會根據不同區域推出相對應的車款與廣告策略，因為這樣最能抓住消費者的心。

品牌喜好最終未必能夠轉換成購車行為，實際購買還會有更多考量因素，例如自身經濟能力、家庭需求、二手價格……等。產品設計是一項複雜的學問，必須考慮各種因素，而這項研究提供了產品設計者以及市場銷售人員一座溝通的橋梁，使設計者能依照產業的不同、針對不同的價值去做設計。而身為消費者的我們，若希望可以買到ＣＰ值最高的車輛，挑選時請多多提醒自己注意其他因素，別被美感牽著走。

參考文獻：

- Enhancing Consumers' Affection for a Brand Using Product Design. DOI: 10.1111/jpim.12245

09 為什麼催淚彈會使人淚流滿面？

文／陸子鈞

催淚史

催淚氣體開始廣泛用來對抗人類，是在第一次世界大戰前後（科技始終來自於人性）。在大戰爆發前，一九一二年法國已經將溴乙酸乙酯（Ethyl bromoacetate）作為催淚氣體用於警察勤務中。後來一戰爆發，在西部戰線伊珀爾（Ypres）防守的法軍，也將裝有溴乙酸乙酯的手榴彈用來對抗德軍。接著德軍積極投入研究，才讓催淚氣體在戰場上發揚光大。

第一次世界大戰之後，一九二五年的日內瓦協議（Geneva Protocol）禁止將具有窒息性、毒性的氣體、液體、物質，或者微生物應用於戰爭之中——當然，也包括了催淚氣體。不過協議是針對戰爭期間規範，是否能將催淚或是催吐（像是二苯胺氯胂）戰劑用在防暴行動，仍有不同的看法。也就是這樣，所以我們還是能在世界各地許多群眾行動中，看到警察使用催淚彈。

催淚彈組成

其實催淚彈的組成並不是全都是為了催淚，主要分三種目的：加溫、散佈、催淚。歷史最悠久的催淚成分有三種：溴化二甲苯（Xylyl bromide）、2-氯苯乙酮（Phenacyl chloride，簡稱CN）、鄰-氯代苯亞甲基丙二腈（2-chlorobenzalmalononitrile，簡稱CS），其中CN毒性最強，所以大多已經被CS取代用於鎮暴的催淚彈。除了CS，一九六二年意外被合成出來的CR（Dibenz[b,f]oxazepine）也有用於催淚彈；不過和CS不同，CS容易用水去除，但CR遇水反而會加劇作用，是比較危險的成分。

事實上，催淚的CS在常溫下是固體粉末。為了要讓CS能夠像氣體一樣散佈，就需要加入其他成分——像是容易揮發的二氯甲烷，讓它帶著CS擴散在空氣中。除此之外，高溫也有助於氣體散佈，所以催淚彈也會加入其他的化學物質來產生溫度，加速CS的擴散，這也是為什麼上街示威教學都會提到不要徒手撿起剛落地的催淚彈，很可能因此燙傷。

為什麼催淚彈既不黯然又不銷魂卻讓人兩淚交流？

雖然催淚彈已經存在近一世紀，不過科學家對於催淚的生化機制還是了解不多，當然也沒有接觸到催淚物質後立即有效的治療方式。

催淚彈的詳細組成		
成分	簡　介	功能
碳	通常由木頭碳化而成，拔掉保險插銷後會開始悶燒。	提供熱能
硝酸鉀	提供氧氣，維持木炭的燃燒。	助燃
矽	木炭燃燒，會使矽反應成高溫的二氧化矽，能夠點燃其他化學成分。	助燃
蔗糖	在約 186℃熔化，能以相對來說較低的溫度使催淚物質揮發。	燃料
氯酸鉀	燃燒時會釋放出大量的氧氣。燃燒後成為氯化鉀，也能製造煙霧。	氧化劑
碳酸鎂	由於氯酸鉀接觸到酸會有爆炸性，所以加入在瀉藥中常見的碳酸鎂，能夠中和反應過程中可能產生的酸性物質。此外，碳酸鎂加熱後產生二氧化碳，也是煙霧的組成之一。	中和劑
鄰 - 氯代苯亞甲基丙二腈	催淚的主角，也就是前面提到的 CS。大約每立方公尺 4 毫克（mg）就能驅散群眾；致死劑量則要多達每立方公尺 25 公克（g）。	催淚
硝化纖維	確保所有成分均勻混和。	混和劑
整理自：What's Inside: Tear Gas — WIRED [05.31.2011]		

耶魯大學醫學院的藥理學家滕德（Sven-Eric Jordt）長期研究催淚物質，他在德國就學時曾參與反對核廢料的遊行，也在那場遊行中體驗到他的研究對象有多催淚。

滕德發現，催淚物質對於體表神經上的TRP離子通道（Transient Receptor Potential channels）來說是一種促進劑（agonist），當TRP離子通道接收到催淚物質，就會引發一連串的生理反應，像是疼痛、發炎、紅腫。他在二〇〇八年發表的研究中，基改實驗小鼠天生不具有TRPA1通道蛋白，和一般的小鼠相比，對於催淚物質的反應行為就沒這麼強烈；另外，研究團隊也成立利用兩種TRPA1的阻斷劑（antagonists）減少催淚物質引起的刺激，顯示TRPA1是其中一個催淚物質作用的通道蛋白。

不過TRPA1阻斷劑是否能夠應用在反催淚彈呢？滕德在接受《國家地理》採訪時提到：「很難說，理論上可以。」但他認為在接觸催淚彈之前使用阻斷劑很有風險，因為TRPA1引發的身體不適，為了就是讓我們知道有危險該遠離，假如使用了阻斷劑，很可能讓自己暴露在更高劑量的刺激物質下，更有風險導致化學灼傷。

要是輕看催淚彈就要落淚了

「催淚彈」這個字會被誤解成只有催淚的效果，但其實催淚物質刺激的是體表（是的！即使你戴了防毒面罩，但是穿著吊嘎遇上催淚彈還是會刺痛），只是像是眼、鼻、口這種有粘膜的部位更容易受到化學物質的刺激。催淚物質除了會讓人流淚、皮膚紅腫疼痛之外，還會刺激呼吸道，嚴重的時候可能會窒息。二〇一一年，一位巴勒斯坦婦女就在一場抗議行動中，因為催淚氣體讓她無法呼吸而致死。稱這些鎮暴武器為「非致死性兵器」，反而會讓人掉以輕心。

接觸到催淚物質會不會對身體造成長期影響，或者永久性的傷害？「不知道」，畢竟接觸過催淚物質的人不多，很難有足夠的個案供科學家追蹤，但是滕德教授已經開始相關的研究。

催淚彈在面前落下該……？

跑吧。

如同前面提到的，目前沒有立即減緩刺激的方法。催淚彈在開放空間的作用有限，特別是有風的時候，很容易被吹散，所以遇到催淚彈，往新鮮空氣方向閃避才是上策。另外，即使被嗆到很難受也不要原地蹲下，因為常見的催淚物質ＣＳ比空氣重，會往下沉，蹲下只會接觸更多ＣＳ。

遠離催淚彈之後，盡可能換掉衣物，因為ＣＳ在常溫下是粉末，沾附在衣物上的ＣＳ會持續刺激皮膚，不過特別要注意的是不能接觸到含氯漂白配方的清潔劑，那會使ＣＳ反應成更具毒性的物質。此外，也要避免雙手接觸眼、口、鼻——沒錯，別揉眼睛，還有在擤鼻涕前也要先洗手，避免手上沾到ＣＳ又再次刺激粘膜。

參考資料：

- Ethyl bromoacetate — Wikipedia
- Chemical weapons in World War I — Wikipedia
- Geneva Protocol — Wikipedia
- Phenacyl chloride — Wikipedia
- How Tear Gas Works — How Stuff Works
  —3. When Tear Gas Fails
  —4. Methods of Dispersal
  —5. So You've Been Tear Gassed …
- Bessac, B. F., Sivula, M., von Hehn, C. A., Caceres, A. I., Escalera, J., & Jordt, S. E. (2009). Transient receptor potential ankyrin 1 antagonists block the noxious effects of toxic industrial isocyanates and tear gases. The FASEB Journal, 23(4), 1102-1114.

- The Surprising History and Science of Tear Gas. National Geographic [June 12, 2013]
- Israel investigates tear gas death of Palestinian protester. The Guardian [2 January 2011]
- What Are the Long-Term Health Effects of Tear Gas? SoU [August 21, 2014]

空虛寂寞覺得冷
會傳染嗎？

——人際篇——

10 和胖子一起吃飯會讓你胃口大開？

文／潘心儀

你是否曾經和朋友走進餐廳後，在猶豫不決時點選了超出需求的食物量呢？這也許是餐廳燈光美、氣氛佳的關係，但是除了天時、地利外，人和也會有所影響。一項研究發現：一起用餐者或附近食客的體型過胖時，將使我們傾向於攝取較多相對不健康的食物，不再堅持自己原本的飲食標準。

康乃爾大學Brian Wansink教授針對這項研究找來了八十二名大學生，隨機分派成四組後，讓他們自行決定要吃多少義大利麵與沙拉。同時找來一位女演員扮演共餐者，她會裝扮成看起來比原本身材胖上五十磅的服裝，或一般穿著兩種狀態。現場有健康（多沙拉，少義大利麵）和不健康（多義大利麵，少沙拉）的兩種飲食選擇。因此參與學生將會遇到以下四種用餐情境之一：

與吃健康飲食的胖版女演員用餐。

與吃不健康飲食的胖版女演員用餐。

與吃健康飲食的正常女演員用餐。

與吃不健康飲食的正常女演員用餐。

在每種情境中，學生們都會先看到女演員所選取的食物，接著自己再對於義大利麵和沙拉的分量做出抉擇。

結果發現，當和胖版女演員一起用餐時，不管她選擇較多義大利麵或較多沙拉，參與學生攝取的義大利麵量都會較多，約增加31.6％左右。而儘管胖版女演員選擇較多的沙拉，參與學生所攝取的沙拉量仍然減少了43.5％。這顯示當人們與體型過胖的食客一同用餐時，會因自己認為健康的食物與體型過胖的用餐者不搭，從而選擇不健康的食物。

看到這裡，你一定開始在為下一次自己該邀請誰一同用餐而煩惱了，不過也別太擔心，如果你在進入餐廳前先評估自己飢餓到什麼程度，大略決定好想吃什麼的話，就可能不被這些負面因子所影響囉。所以啊，下回去吃東西前不妨先大致想好要吃什麼，別到場後才開始傷腦筋，這樣就可以避免因旁人影響而吃太多囉。

參考文獻：

● In good company. The effect of an eating companion's appearance on food intake. DOI: 10.1016/j.appet.2014.09.004

11 空虛寂寞覺得冷會傳染嗎？

文／吳京

一九四八年時，美國國立心臟研究所與波士頓大學合作，在波士頓近郊的夫拉明罕（Framingham）小鎮招募了五二〇九位男女居民參與實驗，長期追蹤他們的身心狀況。這個實驗原本預計執行二十年，但當年參與者的第二代及第三代也願意擔任受測對象，於是實驗延續至今。「吸菸會提高心臟病風險」、「高血壓者易中風」……等等被我們視為一般常識的觀念，都是從這個實驗取得科學驗證。

夫拉明罕的受測者每二至四年進行一次的身體檢查，並填寫一長串的問卷，包含一些用以評估內心沮喪和寂寞程度的問題，這也成為芝加哥大學心理系Cacioppo教授採納研究用的數據。

另一個被研究團隊採用的資料來源，是來自行政專卷。為了方便通知每位受測者前來做身體檢查及問卷，行政人員留下了受測者相關聯絡人的資料，包含家人及密友，而這些人往往也是受測群組的一員。因此，研究團隊得以掌握受測者們彼此間的親疏關係，繪製出夫拉明罕居民的人際網絡。

此研究指出，寂寞的人往往處於社交網絡的末梢，只有寥寥可數的親友，甚

至與這些少數親友保持連繫也辦不到。此外，以寂寞的人為中心，在其社交網絡外圍第一圈的親朋好友，感到寂寞的比例也會提高，往外兩圈的人其次，往外三圈的人再其次，直到第四圈的人才沒什麼影響。這種擴散方式好比傳染散播過程（contagious process），也就是說，一個人的寂寞會傳染給朋友的朋友的朋友（第三圈）。這個現象在朋友之間比在家人間更明顯，女生的感染力也比男生要來得強。

不僅空虛寂寞會傳染，其實「覺得冷」也會傳染。英國薩塞克斯大學認知神經及精神科學家Harrison等人錄製了十段片長三分鐘的影片，展現演員們感受到的冷暖。其中八段影片分由男女演員將其左或右手浸入裝有冰或熱水的透明水盆中，為了讓他人能感受到溫度的變化，冰水盆內漂著冰塊，而熱水盆的水是由熱水壺倒出，還冒著煙。另二段影片中，演員的手擺在水盆前沒有浸下去，作為控制組。

研究團隊找了三十六位受測者觀看這些影片，同時測量受測者的手溫及心跳。研究結果得出，受測者觀看影片時只有手溫會變化，對心跳無影響。不過，對手溫的影響也只有發生在觀看冰水影片時，下降約0.2℃。研究團隊猜測，這是因為冰水影片有冰塊在水上漂，所展現的視覺效果較強；反之，熱水影片只有在片頭處倒入熱水，因此受測者看了無感。

另外，這些受測者在看影片前有填寫社會心理學中關於「同理心（empathy）」的評量表，比對之後發現，同理心較高的人，其手溫下降的現象更為明顯。

因為寂寞有傳染性，我們更應該拉近人與人間的距離，避免社交網絡分崩離析；對他人感受有生理性反應，也能幫助我們產生同理心，對別人的處境感同身受。有一陣子「冰桶挑戰」活動如此風行，或許就是原因之一吧！

參考文獻：

- "Loneliness can be contagious", Phys.org, 1 Dec. 2009.
- "Feeling cold is contagious, scientists find", Phys.org, 13 Jan. 2015.
- "Alone in the Crowd: The Structure and Spread of Loneliness in a Large Social Network.", John T. Cacioppo, James H. Fowler, Nicholas A. Christakis, J Pers. Soc. Psychol., 2009, Vol. 97, No. 6, 977-991./ DOI:10.1037/a0016076.
- "You Turn Me Cold: Evidence for Temperature Contagion.", E. A. Cooper, J. Garlick, E. Featherstone, V. Voon, T. Singer, H. D. Critchley, N. A. Harrison., PLOS ONE, Dec.2014.DOI:10.1371/journal.pone.0116126.

12 人偏好指責他人，勝過稱讚他人？

文／蔡宇哲

我們很常在網路上看到靠北××的社群與文章，在組織中也很常見到成員在抱怨主管或同儕，總覺得大家都有意做惡。但人們卻不容易讚揚他人，會覺得做了好事應該有其他的目的，並不是有意為善的。

實驗哲學家與心理學家就設計了一些問題來探討這樣的現象。像是下列的問題你會怎麼回答呢？

一個企業老闆知道他的計畫將會傷害環境，但他並不在意計畫會對環境產生什麼樣的後果，進行這項計畫只是為了增加利潤。你認為這個老闆是有意傷害環境的嗎？

（原文：The CEO knew the plan would harm the environment, but he did not care at allabout the effect the plan would have on the environment. He started the plan solely toincrease profits. Did the CEO intentionally harm the environment？）

我想大部分的人應該都會很憤怒，心想：「該死的無良老闆！只想著賺錢又不

顧環境，他一定是故意的混蛋！」沒錯，根據先前的研究，有82%的人會認為這個老闆是有意傷害環境的，但如果相同的問題把傷害（harm）改成幫助（help），會變成什麼樣子呢？

一個企業老闆知道他的計畫將會幫助環境，但他並不在意計畫會對環境產生什麼樣的後果，進行這項計畫只是為了增加利潤。你認為這個老闆是有意幫助環境的嗎？

人們可能會這樣想：「嗯，他只不過是順便做了對環境有幫助的事，並不是真心要做好事啦！」而研究也發現確實只有23%的人認為這個老闆是有意幫助環境的。

對於他人行為的意圖與否，顯然地，會根據其結果的好壞而有不同的判斷途徑，為什麼會這樣呢？

杜克大學這個研究或許可以提供一點線索。

研究人員找了一群人做類似上面的問題，判斷文中的人是否為故意造成該後果，題目並不見得一定是老闆，也可能是指某個虛構的人。在回答問題的同時以功能性磁振造影（fMRI）掃描參與者大腦的活動。結果發現：當情境是造成對他人、環境、社會的傷害這類負面結果時，大腦杏仁核如果越活躍，就越會認為對方是故意的，但若造成的是正面結果時，就不會有這個現象。

杏仁核是與情緒相關的腦區，一般而言，激發程度越高就代表情緒強度會較

高。所以人們在判斷當事人是否有意圖時，並不單純是理性看待，是會有情緒介入的，而當情緒一介入就很難理性，因此就會有「壞的都是你的錯，好的不關你的事」的情況。

看來想當個好人真的很不簡單，做好事別人也不見得會認同，只能期許自己不要忽略他人的好。同時也提醒自己，下次要聲稱自己理性時，先察覺一下有沒有負面情緒存在吧。

參考文獻：

- Two Distinct Moral Mechanisms for Ascribing and Denying Intentionality. http://hdl.handle.net/10161/11093

13 分享特別的經驗容易被冷落？

文／潘怡格

「我曾經爬過玉山喔！」、「杜拜飯店服務超好的！」、「我和金城武握過手耶！」

相信大家都曾經和別人分享過自己的生活經驗，尤其是那些別人沒有的特殊經歷。有人甚至將這樣的經驗分享做為對話的開場白，無非是希望能活絡整個對話，同時也讓自己成為談論的焦點。不過現實情況並不盡然，一份研究指出：與不熟識的人分享自己的非凡經歷，可能反而讓你覺得被冷落！

哈佛大學的Gus Cooney與其研究團隊，做了一個關於「非凡體驗所暗藏的社會成本」的研究。他們找了六十八位參與者，並以四人為單位分組，每組的其中一人會被分配觀看精彩有趣（4顆星）的街頭魔術秀影片，其餘三人則被分配觀看不怎麼好看（2顆星）的一般動畫影片。組員事先都知道彼此的影片分配，並在觀賞後給予五分鐘的互動時間，讓他們進行自由談話。

在此實驗中，大多數的參與者都以為美好經驗是個好的題材，且預期非凡體驗者會更有話聊，並產生正面的情緒，應該是互動中的主要角色才對。沒想到研究結

果發現：觀看魔術影片（即非凡經驗）者覺得自己的心情變糟了，且覺得在互動對話中被冷落。

乍聽之下，你可能會疑惑：「那些非凡經驗不都是大家公認的美好事物與稀奇事蹟嗎？」但同時也請大家試著回想，曾經被討論得很熱烈的話題，是不是都是常發生在大家的生活周遭的平凡事物呢？這樣的現象其實跟社會互動的基礎有關，我們與他人的溝通交流是建立在「相似性」上，特殊的經歷會使你不同於其他人，變得跟別人不一樣，反而會有種被排除在外的感受。因為你身旁的人並不知道那是怎麼樣的經驗、產生什麼樣的感受，話題難以延續。

所以啊，要跟人分享自身經驗時，不要只想著你自己，要換個角度思考，這些經驗別人是否會有共鳴呢？如果有一種經驗使你和別人沒有任何交集，即使那個經驗再好，也不會讓你在社交的長遠道路上感到快樂，所以下次在彼此不太熟識的場合中，不妨用一個生活化的經驗切入話題吧！

參考文獻：

- The Unforeseen Costs of Extraordinary Experience. doi: 10.1177/0956797614551372

14 你安慰別人的方法正確嗎？

文／貓心偵探

心理學家John Gottman將安慰他人的方式分為兩種，一種叫做情緒消除（emotion dismissing），另一種叫做情緒指導（emotion coaching）。

最早是在嬰幼兒的研究上，發現了這兩種模式的差異。採取情緒消除模式的父母，希望能透過轉移注意力的方式，讓孩子忘記遇到的挫折與憤怒。對他們而言，孩子生氣就是攻擊性的表現，悲傷就是自怨自艾，恐懼則是懦弱的展現。他們總是跟孩子說：「別擔心，我想是你誤會他的意思了。」、「沒關係，遇到挫折再站起來就沒事了。」、「不要生氣，想開點！多往正面思考，這個世界會更美好。」而情緒指導型的父母，則把孩子的生氣、恐懼、悲傷……當作是和孩子建立連結的機會，想要幫助孩子瞭解這些感受。

Gottman在《愛的博弈》一書中，舉了一個情緒指導型父親的例子：「當我的孩子被欺負時，我會停下手邊的工作，去瞭解發生了什麼事情。我會努力理解孩子的感受與事情發生的原因，然後和他站在一起。」

根據Gottman早期一篇針對三、四歲孩子的研究發現，「情緒指導型」父母教育出來的孩子，在五年之後，學業上的表現比「情緒消除型」父母教育出來的孩子更好，且和同齡的人關係更佳、身體更健康、行為問題更少。很可惜的是，採取情緒消除型的父母，遠比情緒指導型的父母來得多。當然，情緒指導和情緒消除的使用，並不是截然二分法，有些父母比較常使用情緒指導，有些則不然。

在Gottman對於伴侶的情緒研究當中，以情緒協調（emotion attunement）取代了「情緒指導」這個字眼，因為成年人和親子關係不同，我們並非單方面去指導對方；但事實上，使用的技巧是一樣的。Gottman和他的研究生Dan Yoshimoto從研究發現，在成年人身上，採用情緒指導和情緒消除的比例，和父母對待孩童的比例差不多。但是當採用情緒消除的人說出：「噢！親愛的，別傷心了！別哭了！高興一點，往好處想！」其實會讓人覺得所傳遞的意思是：「我不想在這時候聽你說這些，自個兒到一邊去難過吧！」

過去許多研究發現，在他人脆弱時給予支持（social support），不一定會讓別人變得比較好，甚至有可能變得更差，這是因為他們採取了錯誤的安慰方式。

無論採取哪一種安慰方式，都是希望能夠幫助對方。那麼，為什麼比起情緒消除，情緒指導有更好的效果呢？因為情緒指導裡面，加入了「同理心」這個元素。我們常常講的同情心（sympathy）跟同理心（empathy）不同，前者使我們和他人之間失去連結，而後者使我們和他人之間建立了連結。

美國心理學家Teresa Wiseman將同理心分成四個部分：接受觀點、不加評論、看出他人的情緒、嘗試與他人交流。

「每當我們遇到這些讓人難過的事情時，我們都企圖做些什麼，讓事情感覺好轉一點；但當我和你分享一件非常難過的事情時，我寧願你告訴我，雖然我不知道現在該說些什麼，但我很謝謝你願意跟我說這些。因為事實是，回應（response）很少會讓事情好轉，而真正能使事情好轉的是連結（connection）。」《脆弱的力量》、休士頓大學社工研究院的研究教授Brené Brown說。

參考文獻：

- 《愛的博弈》，John Gottman著，浙江人民出版社。
- Rowatt, T. L., & Cunningham, M. R. (1998). When a friend is in need: Feelings about seeking, giving, and receiving social support.In P. A. Andersen, & L. K. Guerrero (Eds.),Handbook of communication and emotion: Research, theory, applications, and contexts (pp.281–301). San Diego, CA: Academic.
- Bolger, N., Zuckerman, A., & Kessler, R. C. (2000). Invisible support and adjustment to stress.Journal of Personality and Social Psychology, 79, 953–961.

- Coyne, J. C., Wortman, C. B., & Lehman, C. R. (1988). The other side of support: Emotional overinvolvement and miscarried helping. In B. H. Gottlieb (Ed.),Marshaling social support: Formats, processes, and effects(pp. 305–330). Thousand Oaks, CA: Sage.
- 〈哭泣與生氣的祕密：關係中的爭執與情緒〉，泛科學・海苔熊。

15 獨樂樂還是眾樂樂比較快樂？

文／蔡宇哲

「與你分享的快樂勝過獨自擁有，至今我仍深深感動……」有首歌是這樣唱的，與朋友共享事物會讓情緒更好，究竟有沒有什麼科學根據可以支持呢？發表於《Social Cognitive and Affective Neuroscience》期刊的研究結果發現，與好友分享確實能夠讓情緒變得較正向。

研究者找了六十位、共三十對的女性好友，每次都讓一對好友同時進行實驗。他們當中一位必須接受功能性磁振造影（fMRI）的掃描，另一位則是在另一個房間中，坐在電腦前進行作業。他們必須看一系列照片，並同時評估看照片時的感覺是偏正向還是負向。圖片共有五十四種，分別是正向（例如美食）、負向（例如車禍）與中性情緒（例如家具）這三類。每張照片呈現前會先告知這張是跟朋友一起看還是自己一個人看。

若是先告知是「一起看」時，兩人會同時看到照片；若呈現「單獨看」時，朋友將需要做一個簡單的認知作業而沒看到照片。實際上兩人都看到順序完全一樣的照片，並沒因為指示單獨與否而有所差別。

結果發現，看到照片時，如果有跟朋友分享的話會覺得情緒比較正向，無論照片是正向還是負向都有相同效果。也就是說，原本正向的情緒會更正向，但原本負向的情緒會變得比較正向。對應在生活中，我們確實常希望與好友分享喜悅，傷心難過時也會找人訴苦，以減輕不愉快的心情。

除此之外，研究也發現在分享情緒照片時，大腦腹側紋狀體（Ventral striatum）與腹內側前額葉皮質（Ventromedial prefrontal cortex）／眼窩前額皮質（orbitofrontal cortex）這兩個地方會顯著較活躍。這幾個腦區都與獎賞和激勵有關，很像是當你知道這是跟朋友一起看照片時，大腦就會跟你說「好棒棒」般地獎勵你，於是乎你就會越來越喜歡跟朋友分享了。

想要讓快樂加乘嗎？想要減低哀傷嗎？最簡單的方式就是與好友分享，而且分享可是會上癮的，也難怪臉書社群會有那多人願意分享自己的喜怒哀樂給朋友們。

參考文獻：

- Beautiful friendship: Social sharing of emotions improves subjective feelings and activates the neural reward circuitry. doi: 10.1093/scan/nsu121

16

小說，是最好的讀心術？

文／謝承志

一篇刊載在《科學》的研究指出，閱讀文學小說可以增進從基礎到複雜的社交相關思考歷程，提升推斷他人心智狀態的能力。這樣的能力定義自心智理論（Theory of Mind, ToM），還可區分為「實際的」ToM（偵測與瞭解他人情緒的能力）或是「認知的」ToM（推論與表述他人的意志信念）。

這個研究首先定義出三種讀物：選自美國國家圖書獎得獎作品的「文學小說」、歐・亨利獎選出的年度短篇小說；取材自亞馬遜網路書店暢銷排行榜的「通俗小說」，或是近期的通俗作品摘錄（通俗小說與文學小說不同在於，比較好讀、傾向描述世界、可以預期角色內在性格一致）；「非文學類」則選自史密森尼博物館的館訊。

受試者在閱讀其中一種讀物的摘文之後，便進行幾種過去已有文獻說明、可以當作測試心智理論指標的實驗，其中兩個實驗分別是：「Reading the Mind in the Eyes test」（RMET），也就是要受試者透過觀看黑白照片中的演員雙眼而推斷他們的情緒；另個「Yoni test」實驗中會有一張卡通繪製的臉Yoni，讓受試者根據其眼神、情緒來推斷可能的意圖。

結果顯示，在閱讀文學小說之後的受試者，心智理論的指標比起閱讀其他兩種讀物高。這個實驗的研究者Kidd與Castano解釋，因為文學小說讓讀者彷彿置身在故事裡，若與通俗小說相比，讀者更需要智慧與想像力。文學小說的世界就像是現實生活中充斥著複雜的個人世界，讓人無法輕易窺出端倪。

參考文獻：

● Reading Literary Fiction Improves Theory of Mind——Science[2013-10-3]

資料來源：

● Reading Literary Fiction Improves "Mind-Reading' Skills——Science Daily" [2013-10-3]

17 「分享」會使我們的感受更強烈？

文／謝承志

耶魯大學的心理學家從研究中發現，與他人共享經驗，既讓美好的事更美好，也讓痛苦的事更痛苦。經驗共享像是一台放大機，讓主觀的經驗感受加深。

這個實驗找來了二十三位女大學生，受試者進入實驗室時，會見到另外一位受試者，那位受試者是特別安排來與受試者共享經驗的。不過受試者並不知情，實驗者先讓兩人一同填寫實驗同意書、聊一會兒，等他們「破冰」之後，才告訴受試者將一起參與實驗。

實驗主要是讓受試者品嚐巧克力，但會讓受試者以為有四個部分，分別是品嚐巧克力（巧克力Ａ、巧克力Ｂ）與看圖畫書（圖畫書Ａ、圖畫書Ｂ）。受試者自行抽出順序，雖然安排者也用抽的，但其實巧妙地配合著受試者的順序，主要是讓受試者經歷獨自品嚐巧克力（安排者在一旁看書）和共同品嚐巧克力（安排者同時品嚐，且讓受試者知道）的主觀感受是否有差異。

雖然受試者以為巧克力A與巧克力B是不同巧克力，但實際上都是純度70%的黑巧克力，且已確認可以代表「品嚐感受喜悅」的結果。研究者也表示，會選擇「品嚐巧克力」而不是其他事情，是因為品嚐巧克力能夠有讓受試者以為兩次「吃的巧克力不相同」，得以進行比較。

實驗結束後，受試者要進行十一點量表評分，結果顯示，雖然巧克力是相同的，但比起受試者獨自享用，當兩人都在吃巧克力時，受試者更喜歡那塊巧克力，且覺得巧克力有更多滋味。

為了確認共享是不是讓感受變得更好，研究者用相同的方法進行了第二個實驗，這次提供的巧克力是苦味重的純度90%黑巧克力，且已確認可以代表「品嚐感受不喜悅」。而實驗結果則與先前相反，共享時受試者比較不喜歡黑巧克力，不過也更專注於體驗，且與安排者感覺更契合。

研究者認為，這樣的結果說明了與他人共同經歷一件事，即使默不作聲，只要知道彼此正共同經歷，便會讓我們更專注、更理解自己在做這件事的主觀感受。

雖然這個實驗的受試者全部都是女性，以及吃巧克力究竟有沒有經驗感受的代表性，還有待更多研究驗證；但也許提供了時時低頭滑手機、沉浸在自己世界的現代人一個不錯的建議：與家人、朋友共處時，不妨專注於彼此共享的片刻吧！

參考文獻：

- Erica J. Boothby, Margaret S. Clark, John A. Bargh. ⊠2014⊠. Shared Experiences Are Amplified. Psychological Science.

18 在團體中會讓你看起來更有吸引力？

文／謝承志

美國影集《How I Met Your Mother》曾經在劇中提出了「啦啦隊效應（cheerleader effect）」，就是當你被朋友圍繞時，會看起來更有吸引力！最近這個劇中的假說被加州大學聖地牙哥分校的心理學家Drew Walker與Edward Vul驗證。當我們看一群人時，傾向把大家的臉部特徵「平均」化，看到其中一人時也會覺得比光看一人時更「平均」。

「大眾臉」或許不是好事，不過從吸引力的角度來看，又是另外一回事。Walker說：「平均臉看起來更具吸引力，可能的原因是淡化了不吸引人的特徵。」Walker與Vul懷疑，這樣的「平均臉」吸引力，與我們傾向把一群物件視為「整體」，可能支持了「啦啦隊效應」這個想法。於是他們便找來了超過一百三十位大學生，做了五組實驗來驗證。

前兩個實驗，他們選了男生或女生的合照各一百張，每張有三個不同的男生或女生，他們有時以合照方式呈現，有時獨立出現，讓受試者來評斷他們的吸引力。同一張臉單獨或合照隨機出現，而每位受試者總共會對三百位女生（實驗一）或男生（實驗二）評斷他們本身與出現在合照時的吸引力。

結果顯示，不論照片中是男生或女生，在受試者間其實有很大的差異，不過整體看來，一個人在合照中的吸引力分數，會高於獨自出現的分數。

在實驗四中，Walker與Vul試想，若不是「合照」，只把臉部照片擺放在一起比較，是否會有類似的結果？他們將實驗一中合照的每張臉獨立出來，與當獨自出現或隨機與另外三人、八人、十五人擺放在一起時做比較（這些人的臉部照片被拼成2×2、3×3、4×4的正方形），結果顯示，多張臉一起出現時的個人吸引力分數，比起單獨一張臉出現的吸引力分數，仍然比較高。

Walker與Vul在這樣的結果中發現了細微差異：「如果平均後的臉，因為那些不吸引人的特徵被『平均』掉而變得較具吸引力，有臉部特徵互補的個人在一起時，例如有人眼睛較寬、有人眼睛較窄，和他們獨自出現時相比，有提升吸引力的優勢。」

參考文獻：

- Drew Walker and Edward Vul. (2013) Hierarchical Encoding Makes Individuals in a Group Seem More Attractive. Psychological Science.

資料來源：

- People Seem More Attractive in a Group Than They Do Apart——Science Daily [2013-10-29]

為什麼我們看不到自己寫的錯字？

——冷知識篇——

19 慢跑女孩的馬尾為什麼總是左右擺盪？

文／吳京

二○○九年，史丹佛大學數學暨機械工程學系的Joseph B. Keller教授，對一個常見的現象提出了一個耐人尋味的問題：「為什麼綁馬尾的慢跑者，頭髮會像節拍器一樣左右搖擺，而不是隨著身體的律動做上下的晃動？」於是把馬尾的搖擺視做物理學及工程學上常見的單擺問題，進而做了一堆數學公式推導。他發現，當上下運動頻率之半整數倍接近「馬尾單擺」的自然頻率時，方程式的解就會變得不穩定，於是乎，馬尾辮子只能雀躍地左右擺而不是上下晃。這個成果二○一○年發表在《應用數學期刊》（Journal of Applied Mathematics），也問鼎了二○一二年的搞笑諾貝爾物理獎。這次是由來自英國劍橋大學的Raymond E. Goldstein教授所主導的研究，他們推導出可用來描述馬尾形狀的方程式，並發表於物理學界頗具領導地位的《物理評論通訊期刊》（Physics Review Letters）上。

馬尾對女生而言是最容易的造型，對男生而言卻有無比的吸引力。在現實生活中我們可以看到各式各樣的馬尾，影響馬尾形狀的因素有頭髮長度、硬度、密度、彈性及曲度（直髮或捲髮），還有綁馬尾束的髮圈力道及馬尾束裡的頭髮數

量等等。

在論文中，他們把每一根髮絲視作有隨機曲度的彈性線段，再利用流體力學中的連續方程式來描述儲存在髮束裡的「能量」。這邊所說的能量，共有三個項目：一是彈性能、二是重力能、其餘未描述到的能量稱之為髮絲束縛能（fiber confinement energy）。彈性能的原理就如彈簧，是頭髮本身的彈性所儲存的能量；重力能更直觀，就是髮束重量的位能，前兩項能量用牛頓力學的公式即可表達。但第三項的束縛能，主要是成千上萬的髮絲無序地交錯、接觸、壓擠所儲存的能量，要將之公式化，需用到統計物理的技巧。

這種技巧其實和「理想氣體方程式」很類似，我們不可能描述每一顆氣體分子的運動模式，但可以用PV=nRT的公式去描述氣體團壓力、密度和溫度的關係。同理，要看各別髮絲的交互作用很複雜，但以整個髮束的角度切入，反而可以得到簡單的狀態方程式。

能量方程式寫出來後，利用最小勢能定理（Minimum total potential energy principle），將能量方程式對髮束長度做一次微分之後，等於零之解即為處於「穩定平衡」狀態下的馬尾方程式。換句話說，就像水會往低處流一樣，髮束也會自動跑到勢位能最低的形狀。

總之，理論上的馬尾方程式已經被物理學家推導出來了，剩下的就是實測工作，所以，各位讀者如果看到綁馬尾的女孩，別忘了科學觀測！

參考文獻：

- 二〇一二年搞笑諾貝爾得主暨得獎內容介紹
- 「Ponytail Motion," J. B. Keller, J. APPL. MATH., Vol. 70, No. 7, pp. 2667–2672 (2010).
- 「Shape of a Ponytail and the Statistical Physics of Hair Fiber Bundles," Raymond E. Goldstein, Patrick B. Warren, and Robin C. Ball, PRL 108, 078101 (2012).

20 為什麼人在恐懼時會瞪大雙眼？

文／黃揚名

相信大家在很多恐怖電影中都看過劇中的主角在被追殺的時候，除了尖叫、快跑外，他們眼睛也會瞪很大，但大家有想過為什麼在這樣的情境下，眼睛要瞪很大？

Adam Anderson 教授的研究想要檢視，恐懼時的眼睛變化究竟有甚麼意義。在第一個實驗中，他們請實驗參與者做出恐懼、嫌惡或是中性的表情，接著在電腦螢幕上會出現一個垂直的線條刺激，實驗參與者需要判斷所看到的刺激中，線條是轉向哪一個方向的。

他們發現若實驗參與者做出恐懼臉，在進行這樣的作業時有較佳的表現（當刺激距離視野中央較遠時，也能夠正確判斷線條的方向）。

那麼，別人恐懼的眼神，是否也能夠比較有效的傳遞訊息呢？在第二個實驗中，他們讓實驗參與者看到不同的卡通眼睛，他們需要判斷這些卡通眼睛是看向左邊或是右邊。嫌惡的卡通眼睛是最小的、恐懼的卡通眼睛是最大的；結果顯示當眼睛越大時，實驗參與者越能夠準確的判斷眼睛是看向左邊或右邊。

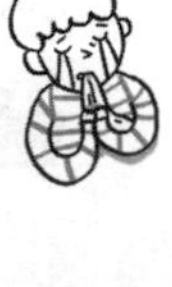

雖然恐懼的卡通眼睛最能有效的傳遞訊息，但到底關鍵是在於恐懼的眼神？還是在於放大的瞳孔呢？在實驗三中，他們僅採用中性的眼神，但控制卡通眼睛的瞳孔大小。這些卡通眼睛會看往目標出現的方向，而實驗參與者需要做的事情就是判斷目標出現在甚麼地方。結果顯示，瞳孔越大時，判斷目標方向所需要的時間越短。

綜合這三個實驗的結果，恐懼時眼睛瞪大是有其意義的，從恐懼者本身來說，眼睛瞪大能夠讓他更有效注意周遭環境的訊息；從觀察者來說，看到有人眼睛瞪大，更能夠有效的接收那個人所要傳遞的訊息。從實驗三的結果也可以想像，不論是否有恐懼，只要瞳孔越大，就越能夠讓觀察者接受訊息，怪不得廣告商都喜歡找大眼睛的代言人。

參考文獻：

● Social Transmission of the Sensory Benefits of Eye Widening in Fear Expressions. doi:10.1177/0956797612464500

21 為什麼我們看不到自己寫的錯字？

文／吳易軒・雷雅淇

你嘔心瀝血的寫出了一篇詞藻優美文情並茂揮灑淋漓行雲流水，能讓洛陽紙價不斷飆升的文章，並且小心翼翼地一看再看，確定舉凡用字遣詞、語意都完美的呈現了自己的心境，表達了想說的意思。發表後第一個回覆你的讀者發出的不是讚嘆，而是「哎，那第二段的最後一行的第七個字應該是『再』不是『在』耶，厰厰。」

為什麼我們都已經檢查了千百萬遍自己所寫的文章，還是會遺漏一些小錯誤呢？

打錯字的諸君啊你我都不是孤獨的，這不是因為蠢或是粗心，看不到的錯字都是因為大腦太過聰明。怎麼說呢？

想像一下你正在寫作，你絞盡腦汁盡力想要生出來的東西是能傳達你所想的有意義的內容，而不是專注在實際產生「字句」本身；在英國雪菲爾大學從事錯別字研究的心理學家史丹佛（Tom Stafford）表示：「當你在寫作時，你在嘗試傳達某種意義，那是一種非常高階的運作。」

我們大腦的運作方式跟電腦不同，電腦會去注意每一個小細節，但人腦的話還會擷取感知訊息，並且讀取成我們所期望的意思；我們的大腦為了專注於更複雜的工作（如將句子轉換成意義），會自行推斷簡單的部分（如將字轉換成詞、詞轉換成句子）。這樣的能力可以幫助我們在閱讀文章時能節省腦力，並且更有效率。

「推斷」是我們的大腦擁有高階運作功能的證明，它會對熟悉的事物繪製一張地圖，彙整標誌、氣味以及感覺等元素形成一個路徑。那張腦中的地圖讓我們的大腦有更多空間去做其他事情，不過這樣的功能有時也會誤導自己，就像是當我們本來要開車去朋友家烤肉，卻一不小心開到公司，只因為這兩個地點都在同一條路上，而我們的大腦會順著例行公事去運作。

這也解釋了為什麼作者本人會比讀者還要難挑到文章的錯字：當我們在閱讀自己的文章時，由於知道想表達些什麼，腦中的版本常常會蓋過所看到的版本，因此更容易忽略一些錯字或漏字；而對讀者來說，這是一篇新的文章、一個新的路徑，並不存在於他們腦中的地圖，因此會更專注閱讀，並且特別注意細節。

那要怎樣才能檢查到自己文章的錯字呢？騙騙自己的大腦吧！史丹佛建議，如果想要檢查出自己文章中的錯誤，可以將文章變得「陌生」一點，騙大腦這是你第一次看到的文章。像是改變字型、背景顏色：「當你已經用特定的方法習得某事，就得使用另一種方法才能檢查其中的細節。」

參考文獻：

- What's Up With That: Why It's So Hard to Catch Your Own Typos. WIRED [08.12.14]
- Kalfaoğlu, Ç., & Stafford, T. (2014). Performance breakdown effects dissociate from error detection effects in typing. The Quarterly Journal of Experimental Psychology, 67(3), 508-524.

22 透過指紋可以判斷性別嗎？

文／葉綠舒

大家都知道從指紋可以作為刑事鑑定，但若指紋的主人過去從來沒有犯罪的紀錄，警方也只能先存檔提供後續的鑑定。

不過，由於科技的進步，檢驗所需要的樣品越來越少，甚至已經開發出可以由指紋殘留的物質來進行檢驗！

二〇一五年，英國薩里大學（University of Surrey）的研究團隊開發出以MALDI-IMS-MS/MS技術（離子遷移串聯質譜）來分析嫌犯留在杯子上的指紋，從中找到了古柯鹼的代謝物苯甲酰（benzoylecgonine）與methylecgonine，以及古柯鹼；而來自紐約州立大學的Jan Halámek教授，則在開發出用指紋上殘留的氨基酸檢驗指紋的主人是男是女。

古柯鹼的檢驗，由於有明確的標的物，所以比較容易；但是性別要怎麼從指紋的殘留物檢驗呢？原來，因為男女賀爾蒙分泌的影響，造成女性的汗水中分泌的氨基酸量比男性高。

Jan Halámek教授使用了兩個酵素：L-氨基酸氧化酶（L-Amino Acid

Oxidase, L-AAO）與辣根過氧化物酶（Horseradish peroxidase, HRP）來作為偵測的工具。

先用一滴0.01 M的鹽酸（HCl）滴在指紋上，再以攝氏40度加熱二十分鐘；接著便以這兩個酵素與液體中的氨基酸進行反應。L-氨基酸氧化酶會將氨基酸氧化，產生過氧化氫（H_2O_2）；而辣根過氧化物酶再將過氧化氫與o-dianisidine作用，產生可吸收436奈米（nm）波長的光線的產物。如此一來，便可以使用簡單的分光光度計來偵測了。

此外，Jan Halámek教授也期許未來光憑一個指紋上殘留的化合物，不僅可以了解指紋的主人是男是女，還能知道種族、年齡等等資訊呢！

所以，未來在犯罪現場找到指紋，不只是可以用來進行比對，還可以了解到底指紋的主人是男是女、有沒有吸食古柯鹼…或許不久的將來，只要一枚指紋就可以了解我們的健康狀況呢！

參考文獻：

- Melanie J. Bailey et. al. 2015. Rapid detection of cocaine, benzoylecgonine and methylecgonine in fingerprints using surface mass spectrometry. Analyst. DOI: 10.1039/C5AN00112A

- Crystal Huynh, Erica Brunelle, Lenka Halámková, Juliana Agudelo, and Jan Halámek. 2015. Forensic Identification of Gender from Fingerprints. Anal. Chem., Article ASAP DOI: 10.1021/acs.analchem.5b03323

23 為什麼閏年多了二月二十九日？

文／歐柏昇

四年一度的二月二十九日又來臨了，你是否有想過，到底是誰發明了這個多出來的一天呢？

我們先來想想看，「二月二十九日」有什麼地方不太尋常？照常理來說，應該把多餘的日子加在一年最後面才對，怎麼會選擇創造「二月二十九日」呢？你可能會說，因為二月日數最少！二月只有二十八天，加上個二十九日聽起來不怎麼奇怪；十二月已經有三十一天了，再加上一個三十二日也太好笑了吧！不過，事情沒有這麼簡單。

我們現在使用的西曆，是源自於古羅馬的曆法。在早期的羅馬曆法（羅慕路斯曆）當中，其實一年只有十個月。這件事情在現在各月份的英文名稱當中，還留下了明顯的痕跡。例如，十月的英文是October，但是octo-開頭的字是代表「八」的意思，所以October顧名思義是「八月」的意思！章魚（octopus）是八隻腳的生物，而八邊形的英文稱為octagon。那問題來了，為什麼「八月」突然變為十月了呢？

事情發生在羅馬國王努瑪・龐皮留斯（Numa Pompilius）的時候，當時發現原本每年十個月、三〇四天的曆法，造成每年年初的季節都不同，人們的生活週期與曆法格格不入。這個道理很簡單，地球繞太陽公轉一圈約三六五天，稱為一個「回歸年」，也就是太陽在黃道的位置移動了三六〇度的時間。太陽「回歸」之後，代表季節週期也「回歸」了一次，人們生產的週期也就又「回歸」了一次。

一年三〇四天的古曆，實在與回歸年差距太大了，所以努瑪決定加上兩個月，讓曆法的一年變為三五五天，較接近太陽的週期。不過這時候，Ianuarius（January）和Februarius（February）是加在一年的最後面，而不是一開始。

這個三五五天的曆法，就可以看出一些天文意義了。

第一，比起原先的曆法，已經較為接近一個「回歸年」，符合地球上人們真實感受到的季節遞嬗週期。第二，這個數字符合月亮盈虧的週期。月亮繞著地球公轉的週期有好幾種算法，其中一種稱為「朔望月」，也就是盈虧的週期，大約二九・五三天。計算一下，十二個朔望月大約三五四・四天，因此把曆法一年訂作三五五天是具有天文意義的。

不過，接下來還有個問題，三五五天還是不到三六五天，要怎麼補足呢？方法就是閏月了。那時候，人們的做法是一年的最後一個月：Februarius（February）身上動手腳，把這個月縮減到二十三或二十四天，接著在後面加上一個二十七天的閏月。掐指一算，這個「二月」原本有二十八天，被減去了四到五天，但後面

的閏月加上了二十七天，所以置閏的年就有三七七或三七八天了。後來置閏的方法改了好幾次，Februarius（February）也從一年的最後一個月變為第二個月，但手腳仍然是動在Februarius（February）身上，到現在依然如此，所以閏年的時候多出來的才是二月二十九日，而不是十二月三十二日了！

在努瑪之後，羅馬另一次重大的曆法變革發生在西元前四六年，主角是眾所周知的尤利烏斯・凱撒（Julius Caesar）。凱撒打贏高盧戰爭與內戰之後，集大權於一身，並改革曆法，此新曆稱為「儒略曆」（Julian calendar）。為了整頓曆法，他先將西元前四六年擴充到四四五天，隔年開始則按照他的規律。

凱撒的曆法，試圖解決一個問題：回歸年並不是正好三六五天，而是三六五天又六小時左右。他的做法是單一的「閏日」，置閏的位置是在「三月的第一天（Kalends of March）數回去第六天」，也就是二月二十四日。閏年稱為bissextile（"twice sixth"，意思是「兩個第六天」）。那時候沒有所謂的「二月二十九日」，而是把二月二十四日延長為兩天的時間，但在法律上那兩天算作同一天，也就相當於有一個長達四十八小時的日子。

只不過，人算不如天算，新曆法實施沒多久，一件驚天動地的事情發生了——西元前四四年，凱撒被暗殺了！原本凱撒的要求是每四年置閏一次，但此後死無對證，發生一個嚴重的誤解，人們三年就置閏一次。這樣一來，西元前一世紀的閏年發生好幾次錯誤，直到數十年後羅馬帝國君主屋大維（奧古斯都）才減少了幾次閏

年，來彌補多閏的那幾次。一般認為，彌補之後恢復正常曆法的時間是西元八年。

每四年有一次二十九天的二月，理論上是在凱撒啟用儒略曆時開始，但因為陰錯陽差，其實過了五十年左右，到了奧古斯都的時候才正式上軌道。當初的做法是延長二月二十四日，到了這幾百年才變成外加一個「二月二十九日」的方式。

二〇一六年多出了一個二月二十九日，可別以為是天上掉下來的禮物！人們對於天體運行規律的了解越來越多，又由於宗教等因素，才漸漸使得曆法中的一年接近自然界的「回歸年」。不管是有四十八小時的二月二十四日，還是多出一個二月二十九日，地球依然按照它的規律繞著太陽公轉，人們則配合自然規律來調整自己的生活步調。乍看之下多出了一天，其實地球的工作從不罷休喔！

參考文獻：

● Bonnie Blackburn and Leofranc Holford-Strevens, The Oxford companion to the year (Oxford: Oxford University Press, 1999).

24 吃不完的藥可以直接丟垃圾桶嗎？

文／陸子鈞

或許你不知道，家中過期的藥物不能隨著一般垃圾進到垃圾車裡。這些藥物所含的抗生素或者激素，在垃圾掩埋的過程中可能會滲入地下水流進河裡，不只對自然生態有潛在的危害性，要是這些藥物進到自來水或者飲用水中，不知道又會對我們的健康造成什麼影響。

像是「藥品／護理用品」（註1）還有其中包含的抗生素、「內分泌干擾物質」（註2）都屬於「新興汙染物」，很難透過傳統的廢棄物或者汙水設備處理。台大環境工程研究所林郁真教授，就曾在汙水處理廠排水中，檢測到多種抗生素與非固醇類的消炎止痛藥成分。二〇一二年，一篇追蹤新店溪及淡水河中的抗生素濃度的研究論文也顯示：即使濃度很低，仍檢測到多種抗生素。

不只是台灣，二〇一三年七月一篇發表在《水與健康》期刊（Journal of Water and Health）的調查也發現，美國哈德遜河中的細菌，對四環素類及盤尼西林類的抗生素已經有抗藥性 。這些具抗藥性的細菌假如開始攻擊人類，可能就沒有適當的藥可以對付它們，又或者這些抗生素透過自來水被我們喝下肚，或許就改變了我

們體內共生菌的組成，進而影響健康（註3）。

其他種藥物流進自然環境中也會打亂生態平衡。舉例來說，二〇一三年二月的一篇研究就發現，只要些許的抗焦慮藥物Oxazepam，就會影響河鱸（Perca fluviatilis）的行為，讓它變得較具侵略性，敢於游到不熟悉的水域、較有活力，而且吃得也比較多（註4）。另外像是消炎藥普羅芬（Ibuprofen）會使得雌斑馬魚對雄魚的求偶「冷感」（註5）；抗憂鬱藥中的氟西汀（fluoxetine），會讓美國河流中常見的胖頭鱥（Pimephales promelas）雄魚求偶行為異常，甚至會攻擊雌魚。還有像是避孕藥丸中的17-β-estradiol，也會減低胖頭鱥幼魚躲避天敵的能力。雖然目前的科學證據顯示這些藥物都不會直接傷害到水中生物，但是科學家根據族群波動的模擬計算結果也發現，在小型水域中，藥物對胖頭鱥造成看似微乎其微的負面影響，也會讓整個族群急遽地衰退（註6、7）。

如果你看到這，開始替河中的魚蝦的終身大事擔心，想認真處理櫃子裡過期的藥物，那該怎麼做呢？拿到「藥物檢收」藥局處理，我認為是最簡單的方式。雖然有些藥物可以混合咖啡粉後以一般廢棄物丟棄（註8），但是我們可能很難區分哪些藥物該回收、哪些不用回收，加上很難確保垃圾處理的過程是否萬無一失，所以統一交給專業的處理會比較妥當。

近幾年來藥師公會都有在推行「廢棄藥物回收」，也越來越多藥局接收民眾的廢棄藥物。像是台北市政府還建置了「居家廢棄藥物檢收站專區」，很貼心地將全市的藥物檢收站標記在google map上，方便民眾查詢最近的藥物回收點。其他縣市也設有多個檢收點，像是高雄至二〇一三年七月為止，就有一四三家藥局；南投有六十二處。

然而，相關的訊息沒有持續宣導，民眾多半還是不知道藥物該回收，而且這些藥物檢收站的資訊都很難搜尋得到，又許久沒有更新，除非碰巧你家轉角的藥局有在回收，否則都得跑一趟大醫院。這初期還有賴於有志之士，透過像是google map的數位工具來整合這些資訊，長期則希望能夠串聯連鎖藥店，增加回收的據點。

下次大掃除如果發現家中過期的藥物，記得不要再丟入一般垃圾啦。

參考資料：

[1] 新興汙染物（抗生素與止痛藥）於特定汙染源環境之流佈。二〇〇八年持久性有機汙染物（含戴奧辛）研討會。

[2] 傅詩涵。抗生素在新店溪和淡水河之分佈研究。二〇一二，國立台灣海洋大學。

[3] Suzanne Young, Andrew Juhl, Gregory D. O'Mullan. Antibiotic-resistant bacteria in the Hudson River Estuary linked to wet weather sewage contamination. Journal of Water and Health, 2013; 11 (2): 297

[4] Brodin, T., Fick, J., Jonsson, M., & Klaminder, J. (2013). Dilute concentrations of a psychiatric drug alter behavior of fish from natural populations. Science, 339(6121), 814-815.

[5] Nature | doi:10.1038/news.2010.607

[6] Kidd, K. A., Blanchfield, P. J., Mills, K. H., Palace, V. P., Evans, R. E., Lazorchak, J. M., & Flick, R. W. (2007). Collapse of a fish population after exposure to a synthetic estrogen. Proceedings of the National Academy of Sciences, 104(21), 8897-8901.

[7] Nature | doi:10.1038/nature.2012.11843

[8] 高雄市立民生醫院，藥品回收資訊。

備註：

- Pharmaceuticals and Personal Care Products，簡稱PPCPs。
- Endocrine Disrupting Chemicals，簡稱EDCs。
- 其實環境中抗生素是個複雜的議題，比起藥物回收不徹底，可能畜牧養殖業過量使用抗生素才是環境中抗生素的主要來源。有興趣可以參考〈畜牧業對微生物生態的影響，可能超出你我的評估〉或〈美國ＦＤＡ計畫減少牲畜抗生素的使用〉。

25 為什麼切洋蔥會讓人流眼淚？

文／黑熊

每每提到洋蔥，大家馬上就會聯想到流眼淚。究竟為什麼洋蔥會讓人流眼淚呢？為什麼婆婆媽媽總是交代切洋蔥要浸在水裡切才不會流淚呢？

過去的研究認為當我們切開洋蔥時，洋蔥的細胞被破壞，釋出一種酵素，蒜氨酸酶（alliinase）。蒜氨酸酶會將基質（1-propenyl-L-cysteine sulfoxide, PRENCSO）催化成中間產物（1-propenylsulphenic acid），而中間產物會迅速且自發性地轉換成兩種物質：丙硫醛-S-氧化物（propanthial S-oxide）或硫代亞硫酸鹽（thiosulfinate）（註1、2、3）。丙硫醛-S-氧化物為一揮發性氣體，當與人體眼角膜接觸會刺激人體命令淚腺分泌淚液，將刺激物質排除（註4）。

以現在的生物技術，只要將這段基因剔除掉，就可以生產出不會讓人流眼淚的洋蔥，但是蒜氨酸酶的另一個產物，硫代亞硫酸鹽為新鮮洋蔥產生香味的來源，且會轉換成具有降血脂（註5）與抗血小板凝聚（註6）的效果的功效成分。如果降低了蒜氨酸酶，洋蔥的香味與營養價值也會跟著流失，洋蔥將不再是洋蔥。實際上美國早已有無淚洋蔥的產品誕生，不過口味就是和原本的洋蔥有差異。

日本研究發現，蒜氨酸酶的中間產物不會自發性變成丙硫醛-S-氧化物，而是需要另一種酵素，淚腺分子合成酶（lachrymatory-factor synthase）催化產生，而另一產物硫代亞硫酸鹽則不需要此酵素的參與。因此只要將此段基因剔除，就可以得到既有洋蔥香味與營養價值，且不會讓人流眼淚的洋蔥了（註7）。

時至今日，經過紐西蘭科學家六年的努力，藉由基因剔除（gene knockout）技術已經成功培育出真正的無淚洋蔥，其味道與營養價值都與一般洋蔥無異。美國威斯康辛大學的園藝學教授邁克爾・哈維甚至認為這種無淚洋蔥將取代一般洋蔥成為未來世界廚房的主角，廚房內婆婆媽媽流眼淚的情況也將不復存在（註8）。但是在無淚洋蔥推廣前，要如何降低切洋蔥造成的眼淚呢？

我們可以從兩方面著手：第一，從酵素著手。酵素都有本身適合的反應溫度，溫度的差異會導致酵素變性，進而失去作用，先將洋蔥冷凍或加熱後再進行處理，蒜氨酸酶已經失去作用，自然就不會有刺激淚腺的物質產生。第二，從刺激物著手。丙硫醛-S-氧化物可以部分溶於水中，因此在水中切洋蔥可以降低丙硫醛-S-氧化物與角膜接觸，減緩流淚。

參考文獻：

[1] Brodnitz, Michael H., and John V. Pascale. "Thiopropanal S-oxide: a lachrymatory factor in onions." Journal of agricultural and food chemistry 19.2 (1971): 269-272.

[2] Block, Eric, Robert E. Penn, and Larry K. Revelle. “Flash vacuum pyrolysis studies. 7. Structure and origin of the onion lachrymatory factor. A microwave study." Journal of the American Chemical Society 101.8 (1979): 2200-2201.

[3] Shen, Cunxi, and Kirk L. Parkin. “In vitro biogeneration of pure thiosulfinates and propanethial-S-oxide." Journal of agricultural and food chemistry 48.12 (2000): 6254-6260.

[4] Thomas Scott. “What is the chemical process that causes my eyes to tear when I peel an onion?” Scientific american: Oct 21, 1999.

[5] Adamu, I., P. K. Joseph, and K. T. Augusti. “Hypolipidemic action of onion and garlic unsaturated oils in sucrose fed rats over a two-month period." Experientia 38.8 (1982): 899-901.

[6] Makheja, A. N., and J. M. Bailey. “Antiplatelet constituents of garlic and onion." Agents and actions 29.3-4 (1990): 360-363.

[7] Imai, S., et al. “Plant biochemistry: an onion enzyme that makes the eyes water." Nature 419.6908 (2002): 685-685.

[8] 董楠。新西蘭培育出「無淚」洋蔥。中國日報。二〇〇八年二月三日。

26 為什麼頁頁相疊的電話簿怎麼樣都拉不開？

文／吳京

過去，家家戶戶都備有一本厚厚的「電話簿」，雖然查詢電話的功能可能被取代，但電話簿身為「物理學教具」的地位，卻不會輕易地動搖。把兩本相對的電話簿一頁一頁地交疊在一起，再向兩側拉，怎麼拉也拉不開，這是許多人認識「摩擦力」的第一課。

Discovery頻道熱門節目《流言終結者》，有一集就在探究這個現象。他們以夾具固定兩電話簿的書脊以方便施力，嘗試了兩人互拉、數人拔河及兩輛轎車互拉等方式，都無法拉開交疊的電話簿。最終，節目大手筆地請來兩台坦克車，施加到八千磅力的拉力時，兩本電話簿終於分開了，但比較像是因電話簿結構崩裂而分離，而非克服摩擦力拉開。

隨手拿起兩本書，就可以對這個現象做實驗。我們發現兩書交疊十頁時，不費吹灰之力就可以拉開；交疊一百頁時，幾乎就拉不開了。另外，當兩本書交疊面越深時，也會越難拉開。

複習一下物理公式，「摩擦力=摩擦係數×正向力」。摩擦係數僅與接觸面的

材質有關，這代表頁數增加會產生更多正向力，讓兩本書難以拉開。可是紙又不重，哪來那麼多正向力？此外，公式告訴我們摩擦力與接觸面積無關，所以當兩本書交疊得越深時，雖然接觸面積增加，應該不會影響到摩擦力吧?!

這樣一個簡單的交疊，卻讓兩個電話簿墜入巨大的摩擦。究竟事情的真相隱藏著什麼不為人知的秘密呢？

法國的物理學家Hector Alarcon等人對這個問題認真了。他們推導出描述交疊電話簿之摩擦力的數學公式，並以實驗數據驗證公式的正確性，研究成果於二〇一五年八月預先發表在arXive網站上。

事情的真相其實很簡單，當兩書交疊時，其中間部位要比兩端的書脊處來得厚，每張書頁從書脊延伸至交疊處時，會產生一個傾角。施力往外拉時，書頁綳緊造成傾角變小，產生向內壓的正向力，進而增加摩擦力。因此拉力越大，摩擦力也越大，交疊電話簿儼然是個遇弱則弱，遇強則強的狠角色！另一方面，當原始傾角越大時，內壓產生的正向力也會越明顯。增加交疊頁數或加深交疊間距都會讓傾角變大，因此讓摩擦力增加。實驗指出，當交疊頁數增加十倍時，兩書可承擔拉力會提升一萬倍，比指數增長（Exponential growth）還劇烈。

其實，在此之前已有許多人提出相同的解釋，包含一些科學網站上的討論串。然而，這些解釋多半只是約略的論述，並參雜其他似是而非的假設（比如說大氣壓力或交疊重量等因素）。直到Hector Alarcon等人的研究，才讓這個舉世聞名的未

解之謎，有了嚴謹的論證。

有了科學論證，以後向孩子們說明團結的重要時別用筷子，改用電話簿吧！相信再怎麼強壯的孩子，也無法把交疊的電話簿拉開。

參考文獻：

- Alarcon, Hector, et al. "The enigma of the two interleaved phonebooks." arXiv preprint arXiv:1508.03290 (2015).

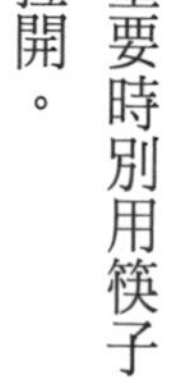

27 都敏俊要怎樣才能安全地跟千頌伊接吻？

文／陸子鈞

來自系外行星KMT184.05的都敏俊（金秀賢飾）教授，具備多種來自外星的超能力，像是人類七倍敏銳的感官、時間暫停、瞬間移動、超強自癒能力、很有錢（這是超能力無誤）……等等。不過就像超人碰到綠色克利普頓石一樣，都教授一旦接觸到地球人的唾液（或者血液），超能力就會衰弱，嚴重還會昏迷，跟平凡的地球人沒兩樣（但還是很有錢跟帥氣）。

然而，地球人的唾液不像綠色克利普頓石是無法解釋的外星世界設定，可以從免疫的角度來探討。再說其實就連平凡的地球人之間接吻，也存在健康風險，或許可以用地球上有限的研究，幫助都敏俊無後顧之憂地吻千頌伊。

每個人溫熱的口腔環境，恆溫37℃、潮溼、還有比培養基（medium）好吃的食物穩定一天至少供應三次，絕對是可以媲美培養箱（incubators）的養菌環境。根據《Oral ecology》引述的研究資料，有口腔清潔習慣的人，每顆牙齒的表面還是養了一千到十萬不等數量的細菌；如果沒有口腔清潔習慣，數量則增加到一億至十億之多（註1）！當我們接吻時，不只交流豐富的情感，也交流了豐富的細菌，

更不用提其他經由飛沫傳染的病原體，像是感冒病毒、皰疹病毒。

要講因為接吻時唾液接觸而感染的疾病，就一定得提一下被稱為「Kissing Disease」的感染性單核球增多症（Infectious Mononucleosis）。感染性單核球增多症的病徵和感冒很類似，會發燒、喉嚨痛、疲累、食慾不佳，只要多喝水、多休息，自然也會康復（註2）。都教授在「15秒挑戰」中吻了千頌伊之後就發燒、喉嚨痛又吃不下，也很符合感染性單核球增多症的症狀，而且都敏俊也沒有就醫，只是多休息還有靠著外星來的自癒能力康復。

假如都敏俊最後選擇留在地球，那他總不能每次一吻千頌伊就因為體內免疫系統過度反應而昏睡個幾天吧？幸好感染性單核球增多症通常得過一次就終身免疫（註2）。雖然都敏俊在第十九集又被千頌伊的吻擊倒，可是病況似乎比上一次好了些，或許能解釋成：外星人的免疫系統和地球人略有差異，所以需要「多次接觸抗原」。這或許就像是治療過敏方法中的「減敏治療」，讓患者經常接觸過敏原，使體內免疫反應逐漸改變，減低免疫的敏感度。

除了多親幾次逐漸減緩免疫系統過敏的狀況之外，接吻前也可以參考史丹佛大學的案例。史丹佛大學有著在迎新活動中接吻的傳統，而迎新活動後在學生宿舍爆發的感冒與感染性單核球增多症也就成了傳統的一部分，校方因此也非常頭痛。史丹佛大學畢業的教育者米歇爾・李・梅德羅斯（Michelle Lee Mederos）的建議，在接吻前不要刷牙、使用牙線或者其他會造成口腔中細微傷口的行為，此外，漱口水是阻止接吻傳染病的重要防線（註3）——希望這建議能幫助都敏俊打破四百年來的禁忌，照三餐＋消夜盡情地吻上千頌伊。

參考資料：

[1] Oral ecology — wikipedia
[2] 廖俊正、廖妙淯、陳冠宇、李祥煒、陳順天。感染性單核球增多症。《基層醫學》第二十三卷第九期（2008/09/25）。
[3] Welcomed With Kisses, Stanford Freshmen Risk the 'Kissing Disease'. The New York Times [October 31, 2013]

28

煮熟的湯圓為什麼會浮起來？

文／陳亭瑋

要煮一碗好吃的湯圓，其實很簡單，首先燒一鍋水，水滾後把湯圓丟進鍋子裡維持攪拌以防黏底燒焦，等到湯圓浮起，用小火煮個一兩分鐘，就可以起鍋加湯趁熱吃了。煮湯圓的過程中有一些小「眉角」可以讓湯圓更好吃，如湯圓會浮到水面再煮個幾分鐘剛剛好，甜湯和湯圓得分鍋煮才好喝，究竟為什麼呢？

糯米粉的主要化學成分是澱粉，將澱粉在室溫下加水不會有太劇烈的反應，就只是吸水微微膨脹，爾後沉澱。但如果將澱粉混合適量的水分並且加熱（60～70度，依澱粉種類），則會產生所謂的「糊化反應」（Starch gelatinization），原先聚集在一起的生澱粉間的鍵結被動搖，水分子趁隙插入澱粉分子間，如果有足夠的水與熱能進行到最後，水分子將會包圍澱粉分子——也就是澱粉溶解在水溶液中了。

在廚房裡進行一個勾芡的動作，前半段就是標準的糊化反應：本來太白粉在室溫下加水不過是個可疑的白粉懸浮液，將它倒入熱騰騰的湯中，攪散幾秒後白色的澱粉顆粒們就都消失，溶入湯中，就是一套完整的「糊化反應」。

勾芡的後半段，溫度降低後，原先因高溫而分開的澱粉分子，彼此間的化學鍵

拉力又開始拉近彼此，也就是所謂的稠化過程；勾芡要等到降溫之後才能看見結果，湯品（玉米濃湯、酸辣湯等）此時才開始黏糊糊的。這也是為什麼一般湯圓和甜湯會分開煮，因為煮湯圓過程中，有一部分的澱粉會進到水裡完成糊化反應，而降溫後，這些澱粉會讓甜湯微帶黏稠，口感不好。

湯圓煮熟會浮水主要就是由於半套的糊化反應，為什麼說半套？煮湯圓加熱會破壞澱粉分子的結晶，讓水分趁虛而入——也就是糊化的前半段。糊化化學反應進行的同時，湯圓的物理性質也有改變：當水進到澱粉分子間，形成新的結構，讓湯圓的體積變大了。根據阿基米德原理，物體受到的浮力等同於排開液體的體積；因此隨著煮湯圓的過程（半套）糊化反應持續進行，湯圓體積持續變大，所受到的浮力也因此持續增加，待湯圓得到的浮力等於湯圓本身的重量，就可以見到浮到水面的湯圓。

冰太久的湯圓煮不熟

有點廚房常識的人大概都知道，煮過的湯圓再度加熱，裡頭的湯只會變得越來越稠；或者科學一點的說法，持續加熱完成糊化反應的澱粉會越來越多，湯裡的澱粉越多，冷卻的湯就越黏。那乾脆不要下鍋煮，把吃不完的生湯圓擺冰箱，會不會比較好呢？實驗證實，這不是個好主意，因為擺太久的湯圓會不熟了。讓湯圓煮熟

需要水分與澱粉結合反應，但是在冰箱（特別是冷凍庫）放太久的湯圓，湯圓內、澱粉間隙的水分很容易被抽乾。把乾掉的湯圓下鍋煮，外部能接觸到水分的部分照正常速度煮熟甚或煮爛了，但是內部沒有水分與之反應（外部的水分很難進去），裡面的澱粉再怎麼加熱也沒有反應，就只是澱粉團。所以湯圓最佳的保存方式，就是趕快吃掉。

參考文獻

- 食物與廚藝：麵食、醬料、甜點、飲料；大家出版社；2010/03/15。
- 食物與廚藝：蔬、果、香料、穀物；大家出版社；2009/12/14。

29 人為什麼能記住這麼多張臉？

文／陸子鈞

二〇一〇年，美國神經疾病與腦中風國家研究所（National Institute of Neurological Disorders and Stroke, NINDS）一篇發表在PNAS的研究中，研究團隊找來一六四對同卵雙胞胎，還有一二五對異卵雙胞胎，測驗認臉能力。

測驗分兩個階段，第一階段研究人員會讓受測者先看六張照片；第二階段則是從六張照片中挑出一張，再混入另外幾張第一階段沒出現的照片，要受測者挑出第一階段有出現的那張。

研究結果顯示，比起異卵雙胞胎，同卵雙胞胎兄弟／姊妹認臉能力非常相似，所以研究團隊認為「認臉能力是一種遺傳」。（註1）

就在同一時期，麻省理工（MIT）和北京師範大學的跨國研究團隊，也利用類似的研究方法，發現「認臉」是一種獨立的認知能力，和物體辨識、語言能力……等能力沒有直接的關聯，不像智商（IQ）是一種綜合性的能力。（註2）

到了二〇一二年，科學家還從操作型的實驗中，確認大腦的梭狀迴（fusiform gyrus）在認臉的過程中扮演重要的角色。

一位患有癲癇（epilepsy）的工程師布萊克威爾（Ron Blackwell）在二〇一一年時到史丹佛大學尋求更有效的療法。他在青少年時期就發病了，到了四十七歲時，他接受的療法越來越無效。於是史丹佛的神經科學家帕維茲（Josef Parvizi）建議他接受一些測試，找出癲癇發作的來源，或許還能透過手術來解決癲癇問題。

帕維茲將電極置於布萊克威爾的顳葉（temporal lobe）頭皮上，再通上微弱的電流。只要某個電極引起布萊克威爾的癲癇發作，就能找到出問題的腦區。

在梭狀迴上的電極通電之後卻發生驚人的事！布萊克威爾跟帕維茲說：「你剛剛變成了另外一個人，臉整個變形。」電流停止後又回復正常。後來帕維茲還找了他的助理來給布萊克威爾看，通電之後一樣變了個人。

有趣的是，電流刺激梭狀迴，變的只有看到的人臉，其他像是穿著、膚色、或者房間的其他物品都沒有改變。也就是說，梭狀迴非常特定只參與了大腦辨識人臉的任務。（註3）

二〇一三年初，北京師範研究團隊還發表了一篇研究在《PLoS ONE》上，是利用fMRI架構出大腦認臉時的神經網絡（註4）。科學家對於「認臉」的認知能力了解越來越多，但似乎都無助於解決臉盲人的問題。

參考資料：

[1] Wilmer et al. Human face recognition ability is specific and highly heritable. PNAS February 22, 2010

[2] Zhu Q, Song Y, Hu S, Li X, Tian M, Zhen Z, Dong Q, Kanwisher N, Liu J. Heritability of the specific cognitive ability of face perception. Current Biology (2009). doi: 10.1016/j.cub.2009.11.067

[3] Josef Parvizi et al. Electrical Stimulation of Human Fusiform Face-Selective Regions Distorts Face Perception The Journal of Neuroscience, 24 October 2012, 32(43): 14915-14920

[4] Zhen Z, Fang H, Liu J (2013) The Hierarchical Brain Network for Face Recognition. PLoS ONE 8(3): e59886. doi:10.1371/journal.pone.0059886

為什麼人看到可愛的東西就想捏？

——心理篇——

30

為什麼我們總是相信專家的話？

文／洪群甯・蔡宇哲

不管看文章或是電視節目，總是會出現一些神奇的稱號，像是真神奇的生活家、××達人、宅神……等，這些自封或被封的莫名稱號背後都有個目的，就是要閱聽眾接受這些人是專家，接下來講的內容才容易取信於民。

很多人可能會說：「別傻了！我還是有判斷能力的，不會因為他是專家就相信，他亂講我也是不接受的。」人是否真能如此理性的對事不對人？如果專家跟一個普通人都說了一個錯誤的訊息，一般人對於訊息的接收程度會不一樣嗎？

研究者讓一群人閱讀一篇關於人每天需要睡幾小時的文章，每個人看到的文章大致相同，不同的是文章結論有很多種，分別是認為睡眠時間從八小時到不睡都可以。跟部分參與者說這篇文章是個諾貝爾獎得主寫的，跟另一群參與者則說文章是個YMCA經理所寫的，這些參與者讀完文章後會被詢問相不相信文章的說法。

結果發現，諾貝爾獎得主說人可以完全不睡覺這麼扯的話都有人會相信，但YMCA經理最離譜只能說到二小時，大家就會不信了。由此可知，專家講的話確實大家都比較相信，而且就算講得比一般人離譜，人們還是會相信。

這樣的心理反映出人們對於生活中的未知常感到不安全，往往會想要趕快抓住一個答案才安心。但生活中的問題並不像是考卷那麼簡單，常常一個狀況的發生都是許多選擇融合而產生的，因此得注意專家所提供的訊息並不是唯一的答案，很可能還有其他不同角度或立場的說法。

對於專家的說法還有一個角度要去思考，就是所表達的意見是否真是他的專業。有不少專家、名嘴有名氣以後，連不是自己專業領域的事也要評論，但還是有很多人接受他的說法，這有可能是受了「月暈效應」的影響。

當我們看到一位扶著老太太過馬路的人，或者在大眾交通工具上看到讓座的人，常會覺得他們是好人，想像對方私底下也是個充滿愛心、奉公守法，而且品德良好的人。這種「看到別人有一點好，就以為他什麼都好」的想法，就叫作「月暈效應」。而一般人看到專家在某方面學有專精，就很容易以為他在其他方面也懂很多。

由以上兩個心理效應可知，人們的心理是不自覺地較容易相信專家，也正因為如此，更應對專家說法小心一點。最好的方法就是將他們說的話當作是意見參考，而不是唯一遵守的道理。

（本文感謝高雄醫學大學心理學系張滿玲助理教授提供諮詢）

參考文獻：

- Communicator discrepancy, source credibility, and opinion change. link.

31 為什麼被罵後總會想反擊？

文／貓心偵探

有一天，小明的爸爸在公司被主管狠狠地罵了一頓，但是又不能罵回去，只好忍氣吞聲地回家。一回到家，看到太太還沒做晚餐，想到自己在公司被罵、現在又餓肚子，於是罵了她一頓。小明媽媽當然覺得莫名其妙，看到小明回家不做作業、看電視，又把小明狠狠地罵了一頓；小明滿腹委屈沒地方發洩，看到家裡養的虎斑貓在睡覺，就狠狠地踢了牠一腳……

為什麼小明會遷怒而踢貓呢？這就是「踢貓效應」。

最早解釋這個現象的，是我們所熟知的心理學大老西格蒙德·佛洛伊德（Sigmund Freud）。踢貓效應，其實是佛洛伊德的自我防衛機制（Self-defense Mechanism）當中的置換作用（displacement）——將能量從不可觸犯的客體，轉移到其他可以觸犯的客體之上；簡單來說，就是把脾氣發洩在對自己比較沒有威脅的人身上。

如何處理焦慮

佛洛伊德把焦慮分為三種——現實焦慮（reality anxiety）、神經質焦慮（neurotic anxiety）、道德焦慮（moral anxiety）。所謂的現實焦慮，就是指外界危險所引發的焦慮，例如考試引起的焦慮、親密關係爭執引起的焦慮、比賽引起的焦慮等等。神經質焦慮指的是，害怕本我會失去控制，而導致做出不當行為所引起的焦慮。例如有個人因為一時衝動講出傷人的話而失去了一個朋友，從此以後，他講話變得很焦慮，害怕會去傷害到別人。道德焦慮指的是害怕良心受到的譴責所引起的焦慮，而這個良心譴責可以說是超我和本我衝突的一種展現，而超我有可能是非理性、不合理的道德價值。

面對無法應付的焦慮時，我們會採取自我防衛機制來化解壓力。根據佛洛伊德所提出的自我防衛機制，可以分成四大類：

一、逃避性的防衛機制

壓抑（repression）指的是把對自己有威脅或痛苦的想法和感受，通通壓到意識（conscious）之外。這是很常見的防衛機制。

有時候，發生某一件事情時，我們突然變得很難過或很生氣，一時之間也不知道為什麼，那個情緒反應突然衝了上來。有可能是因為過去的悲慘經驗被壓抑了，

所以我們也不知道為什麼一件小事，會讓我們這麼生氣。

否認（denial）和壓抑類似，但是它仍然在意識層次運作，指的是面對壓力時視若無睹。例如，一個人要面對升學考試很緊張，他總是告訴旁人：「還好啦！不過是一次考試而已。」而他卻常常睡不好，臉上長了很多痘痘，也常常胃痛。他運用了否認這項防衛機制，來避免正視壓力。

退化（regression）則是退化回早已發展過的、不成熟的階段。例如，在戀愛時，我們會透過裝可愛、撒嬌、耍任性、鬧脾氣來爭取自己想要的東西。只是如果經常如此，忽略了對方的感受，感情遲早會出問題。

二、自欺性防衛機制

反向（reaction formation）指的是一個人覺得某種衝動、想法會有危險，於是故意表現出相反的樣子。例如很多人公開批評、指責同性戀，但其實他們本身是同性戀，覺得這樣的性別傾向不被接受（sexual orientation），於是採取相反的意向展現出來。

合理化（rationalization）則是為自己找藉口，幫自己的缺失編一套理由來自欺欺人。例如，籃球選手表現不佳，就責怪球衣有袖子，所以才打不好。

儀式與抵銷（ritual and undoing）是我們會透過一些儀式性行為，來消除焦慮感。例如，有些打者在走上打擊區之前都會摸摸球棒、壘包，透過特定的儀式性行

為，來讓自己感到安心。

理想化（idealization）是把我們不願意面對的衝突，過度的理想化，認為船到橋頭自然直，最後一定會順利的。例如男友不斷劈腿，女友卻相信對方一定會改變，而不願意去結束這段關係。

三、攻擊性防衛機制

投射（projection）是將我們無法接受的慾望、想法、衝動，投射到別人身上，例如在小孩子明明喜歡某個女生，卻說是別人喜歡那個女生，還在旁邊說：「男生愛女生，羞羞羞。」

補償（compensation）是阿爾弗雷德・阿德勒（Alfred Adler）的理論精髓。我們常常會為了掩飾、彌補自己的缺失，而發展自己的正向特質。

例如有人過去有被同學排擠甚至被霸凌的經驗，在同儕之中無法得到認同，於是把焦點轉向讀書，透過成績來證明自己的價值。

內攝（introjection）作用則是指我們模仿、接納他人的價值觀與行為的過程。「斯德哥爾摩症候群」就是這樣的例子，它指的是一群被害者，為了減低被威脅時心中的壓力，反過來認同加害者的行為，為加害者說話的現象。另外，我們有時候會刻意模仿喜歡的人的行為，或是認同喜歡的人的價值觀，也是出於內攝作用。例如，因為喜歡的男生很瘦，於是要求自己一定得變得很瘦才行。

四、建設性防衛機制

認同（identification）指的是我們會認同成功的人士，仰慕一些明星、偉人，藉此獲得被賞識的希望。例如有些人會拍老闆馬屁，刻意表現給老闆看，其實就是認同的展現。

最後是昇華（sublimation），指的是我們會把性和攻擊等社會所不能接受的行為，轉而昇華成社會可以接受的行為。例如有些畫家會在創作當中展現暴力與死亡。

心理防衛機制並沒有絕對的好壞，只有在你每次都不願意面對問題，長期下來都用心理防衛機制來處理問題時，才會成為一個問題。你不妨試著覺察看看自己在什麼時候，會採取怎麼樣的防衛機制。然後，試著想想，如果不採用防衛機制，又該如何去面對、處理問題。

參考文獻：

- Gerald Corey. 諮商與心理治療：理論與實務，中文第三版，二〇一三年。雙葉書廊。

32 支持的候選人輸了，你有多難過？

文／吳京

哈佛大學甘迺迪政府學院（Harvard Kennedy School）針對二〇一二年美國總統大選期間選民的快樂表現為主題，於二〇一四年十月發表了一篇研究報告。他們發現政黨傾向民主黨的選民（支持者勝選），在得知選舉結果後，只表現了些許快樂；相對地，政黨傾向共和黨的選民（支持者落敗）則顯得相當失落，其失落情緒維持了整整一週。

這個研究在五〇〇個無政黨色彩的網站做了兩個看似獨立的問卷式調查。其中一個是隨機但持續地詢問「你今天有多快樂呢？非常快樂、快樂、普通、悲傷、非常悲傷。」另一個問卷則在一長串的問題中嵌入幾個研究所需的疑問，包含「政治上而言，你覺得自己比較屬於共和黨、民主黨或中立？」經由網站的追蹤技術，當網民連續瀏覽這些網站而且回答兩個問卷的問題時，就會成為有效的樣本。

以二〇一二年美國總統大選結果出爐之時間為準的前後一週內，平均每日可以獲得二一〇個支持共和黨和一一〇個支持民主黨的有效樣本，約占有效樣本的67％。最終發現，支持民主黨的人在選舉前後表示自己是快樂的比例僅小幅度增

敗
敗
1 xxx
2 ooo
WIN!
LOSE!

加；而支持共和黨的人表示快樂的比例，選前約60％，選後則大幅掉到30％。

這個研究結果，與另一篇二〇〇一年發表的心理學研究相呼應，該研究指出人類面對等值的好、壞事物時，通常是負面情緒表現較為強烈。

關於「你今天有多快樂？」的問卷調查持續進行著，期間發生了「桑迪・胡克小學槍擊案」與「波士頓馬拉松爆炸案」這兩件令美國人舉國譁然的慘案。研究人員以相同方式調查民眾情緒的影響，慘案發生後，表示高興的人數減少，表示悲傷的人數增加，但其比例都僅有選舉日的一半。

這實驗也揭露，在美國有政黨傾向的網友比例高達三分之二，因此選舉日對全民情緒的影響力才會那麼大。

參考文獻：

- "Election day: The saddest day of the year?" ScienceDaily [November 3, 2014]
- Pierce, Lamar, Todd Rogers, and Jason A. Snyder.「Losing Hurts: Partisan Happiness in the 2012 Presidential Election.」HKS Faculty Research Working Paper Series RWP14-051, October 2014.

33 自我感覺是被他人塑造出來的？

文／貓心偵探

當你遇到挫折時，是怎麼面對自己的呢？你會告訴自己：「我下次會變得更好」，還是「我真是個一無是處的人」？

心理學家Meichenbaum把我們告訴自己的內心話，稱為「自我內言」（self-verbalization）。它又可以分為正向自我內言，以及負向自我內言。採取正向自我內言的人，會鼓勵自己更加進步；而負向自我內言的人，則會對於失敗耿耿於懷。

正向的自我內言和負向的自我內言如何產生？

早期的社會學家Cooley，曾經提出了鏡中自我（looking-glass self）的概念。他在探討人們是如何產生自我概念時將自我概念的產生提出了三個要素：

1. 表現（presentation）：想像自己在他人心中的形象。
2. 辨認（identification）：想像其他人會怎麼看待我這樣的形象。
3. 主觀解釋（subjective interpretation）：依照「想像中」別人的看法，給自己一個主觀的解釋。

Cooley的理論，強調的不是在客觀上他人如何看待我們，而是主觀上，我們是怎麼認知這個世界的。舉例來說，當女生追男生失敗了，會是一個很受傷的經驗，因為一般社會大眾會用「倒貼」、「很隨便」之類的字眼來貶抑這個勇敢追求愛的女孩。

如果把這個例子，套用到鏡中自我的概念是這樣：

1. 表現：我是一個主動追男生的女生。
2. 辨認：別人一定會覺得我很隨便。
3. 主觀解釋：我主動追男生是一個很隨便、很糟糕的行為。

聽起來是一個很讓人悲傷，也很讓人憤怒的認知歷程。

而心理學家Mead也將兒童的發展階段，分為三個部分：

1.「模仿階段」：三歲以前的兒童會受到重要他人的影響，透過學習與模仿，來瞭解他人的行為。所謂的重要他人，根據Sullivan的定義，指的是「對一個人的生活或是福祉，具有重要性的人物」，在這個階段，通常是指父母。

2.「遊戲階段」：三歲到八歲的兒童會透過遊戲當中的角色扮演，來模仿、學習大人的角色。

3.「團體遊戲階段」：八歲以上的兒童，受到「概括化他人」的影響，學習用他人角度來看自己。所謂的概括化他人，指的並不是真實存在的某個人，而是這個

社會的價值觀，會用什麼樣的角度看待自己。綜合這兩位專家的說法，更容易瞭解到，一個人的自我內言是如何被塑造出來的：當一個孩子很小的時候，重要的他人所說的話，將會成為他最早的自我價值觀。當一個孩子碰到挫折時，重要的他人選擇的是責備還是鼓勵？當一個孩子成功的時候，重要的他人覺得他做得很棒，還是採取貶抑的態度？這些都成了孩子鏡中自我的來源。

而隨著孩子漸漸長大，開始上幼稚園、小學之後，學校老師的價值觀也很容易塑造孩子的自我內言，因為對他們而言，老師是一個價值觀標準的存在，孩子們還沒有能力去反思其他人的價值觀是否正確，會把他人的價值觀，內攝（introjection）為自我的一部分，所以我們常常聽到小孩子跟爸媽說，老師說這時候應該要怎樣。

根據兒童心理學家皮亞傑的研究，這時候的孩子還沒有邏輯推理能力，要等到十一～十六歲的形式運思期，邏輯推理能力才會開始發展，因此他們不會去思考，他人對自己的觀點是不是合理的。而即使是邏輯推理能力發展完全的國高中生，他們的理性腦「前額葉」，也要到二十歲左右才會發展完備。也就是說，直到大腦結構發展完全之前，我們不斷地將他人的價值觀，透過鏡中自我的方式，逐漸內化為自己的一部分，形成了自我內言。

參考文獻：

- Meichenbaum, D. (1977). Cognitive behavioral modification: An integrative approach. New York: Plenum Press.
- Neil J. Smelser, Sociology (Englewood Cliffs, N. J.: Prentice-Hall, 1981), 29-30.
- The Social Self – by George Herbert Mead (1913)
- Harry S. Sullivan, The Interpersonal Theory of Psychiatry, 1953
- McLeod, S. A. 「Piaget | Cognitive Theory". Simply Psychology. Retrieved 18 September 2012
- 曹中瑋《當下，與情緒相遇》，張老師文化。

34 危險的駕駛行為與同理心有關？

文／cleo

一項刊登在《NeuroImage》期刊上的研究指出，有危險駕駛紀錄的人，其社會認知及同理心相關的大腦部位發展較不活躍。

捷克的心理學家讓優良及不良駕駛者觀看交通安全影片，同時檢測了他們的大腦反應，希望能藉此瞭解為何當大多數人選擇遵守交通規則時，有些人卻忽略，不將他人的性命看在眼裡。

「我們把駕駛行為當作一種檢測社會行為的指標，多數有利社會行為的個體會遵守規則且安全駕駛，而少部分個體則較不顧他人安危且危險駕駛」，主要作者中歐技術研究院（the Central European Institute of Technology）的Jana Zelinková提到。

交通安全宣導通常是強調「危險駕駛行為會危害他人的生命安全」來引起同理心。研究團隊預期，優良及不良駕駛人在觀看危險駕駛造成傷亡的影片時，大腦會有不同的反應；安全駕駛人的顳上溝（superior temporal sulcus）會特別活躍，此部位與臉部辨識、同理心，及猜測他人心理狀態的能力有關。

研究中包含了二十五名無不良駕駛或車禍紀錄駕駛人，與十九名至少有一次

不良紀錄（如酒駕、吸毒駕駛或超速）的駕駛人，他們在功能性磁振造影（fMRI, functional magnetic resonance imaging）內觀看了十二段隨機出現的影片，其中六段影片與危險駕駛（包括超速及酒駕）造成的傷亡有關，其他六段影片則是汽車廣告的中性駕車影片。

fMRI的結果顯示，當安全駕駛人觀看與傷亡有關的交通安全影片時，他們的顳上溝較為活躍。

此外，實驗參與者會再重新觀看所有影片，且口頭描述及評論，由研究人員根據每位參與者描述的內容，評估他們的同理程度。結果發現，較在意影片中個人行為所造成危害的人，顳上溝區域較為活躍。

綜合來看，顳上溝較為活躍的人，比較在意他人，而不只是自己。換句話說，當處於影片中的情形時，危險駕駛人比較不會替他人著想。

參考文獻：

- Bad Driving Linked to Less Empathy -Psych Central [07 FEBRUARY 2015]
- Association for Psychological Science-Analysis of Social Cognition Predicts Dangerous Drivers

35 童年受創容易導致憂鬱？

文／貓心偵探

在充滿壓力的情境下，我們的大腦會促使腎上腺分泌一種名為皮質酮（corticosterone）的物質。從老鼠的研究中也發現，這種物質會抑制大腦海馬迴當中衍生的神經滋養因子（brain derived neurotrophic factor, BDNF）表現。BDNF主要的功能，顧名思義，就是幫助大腦神經生長。它主要作用於海馬迴（hippocampus）、皮質（cortex）、前腦基底核（basal forebrain）等部位，而這些部位主要和學習、記憶有關。尤其BDNF的分泌會增加海馬迴NMDA受體的活動，對於海馬迴所掌管的空間記憶，具有非常重要的貢獻。

而BDNF在發展上的關鍵期尤其重要。在小老鼠的實驗中發現，如果小老鼠先天缺乏分泌BDNF的功能，大腦及感覺神經系統的發展上會有很嚴重的問題，而且常常一出生沒多久就死了。

根據Roceri M等人在二〇〇二年所發表的一篇論文顯示：剛出生的大老鼠，出生第九天和母親分離二十四小時，會導致成年之後BDNF顯著減少。而長期的BDNF分泌減少，更與海馬迴萎縮有明顯相關。在長期憂鬱症患者、重度憂鬱症

身上也發現，他們血液中ＢＤＮＦ的含量都明顯比一般人低，導致海馬迴的萎縮。

過去的研究也發現，九歲之前喪失其中一位雙親的人，與罹患憂鬱症及躁鬱症，有著一定程度的相關。

在壓力情境下，腎上腺還會分泌另一種賀爾蒙，稱為皮質醇（cortisol）。在正常情況下，海馬迴能夠調控皮質醇的分泌量，避免分泌過多。但在壓力情境下，皮質醇分泌過多，會影響海馬迴在儲存記憶以及提取記憶的表現。

由此可知，童年的創傷和壓力會導致皮質酮增加、ＢＤＮＦ減少，長期下來，使得海馬迴萎縮；尤其在大腦發展的關鍵期，這樣的現象尤其明顯。

參考文獻：

● Vythilingam, M., Heim, C., Newport, J., Miller, A. H., Anderson, E., Bronen, R., Brummer, M., Staib, L., Vermetten, E., Charney, D. S., Nemeroff, C. B., & Bremner, J. D. (2002). Childhood Trauma

● Associated With Smaller Hippocampal Volume in Women With Major Depression. The American Journal of Psychiatry, 159(12), 2072-2080. 2.Schaaf MJ1, De Kloet ER, Vreugdenhil E. Corticosterone effects on BDNF expression in the hippocampus. Implications for memory formation.Stress. 2000 May;3(3):201-8.

● Mark A. Smith,Shinya Makino, Richard Kvetnansky, and Robert M. Post. Stress and

Glucocorticoids Affect the Expression of Brain-Derived Neurotrophic Factor and Neurotrophin-3 mRNAs in the Hippocampus. The Journal of Neuroscience, March 1995, 15(3): 1766-1777

- Yamada K, Nabeshima T (April 2003). 「Brain-derived neurotrophic factor/TrkB signaling in memory processes". J. Pharmacol. Sci. 91 (4): 267–70.
- Mizuno M, Yamada K, He J, Nakajima A, Nabeshima T (2003). 「Involvement of BDNF receptor TrkB in spatial memory formation". Learn. Mem. 10 (2): 108–15.
- Ernfors P, Kucera J, Lee K, Loring J, Jaenisch R (October 1995). 「Studies on the physiological role of brain-derived neurotrophic factor and neurotrophin-3 in knockout mice". Int. J. Dev. Biol. 39 (5): 799–807.
- Roceri M, Hendriks W, Racagni G, Ellenbroek BA, Riva MA. (2002). Early maternal deprivation reduces the expression of BDNF and NMDA receptor subunits in rat hippocampus, Mol Psychiatry 7:609-616.
- 夏天光 (2013) 抑鬱症患者血清腦源性神經生長因子、皮質醇及其比值的變化和臨床意義。《河北醫科大學》，二〇一三年。
- Karege F, Perret G, Bondolfi G, Schwald M, Bertschy G, Aubry JM.(2002)Decreased serum brain-derived neurotrophic factor levels in major depressed patients.Psychiatry Res. 2002 Mar 15;109(2):143-8.

- Warner-Schmidt J, Duman R (2006). 「Hippocampal neurogenesis: opposing effects of stress and antidepressant treatment". Hippocampus 16 (3): 239–49. doi:10.1002/hipo.20156. PMID 16425236.
- Agid O, Shapira B, Zislin J, Ritsner M, Hanin B, Murad H, Troudart T, Bloch M, Heresco-Levy U, Lerer B.Environment and vulnerability to major psychiatric illness: a case control study of early parental loss in major depression, bipolar disorder and schizophrenia.Mol Psychiatry. 1999 Mar;4(2):163-72.
- Kuhlmann, S., Piel, M., Wolf, O.T. (2005). Impaired Memory Retrieval after Psychosocial Stress in Healthy Young Men. Journal of Neuroscience, 25(11), 2977-2982.

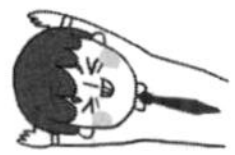

36 為什麼人看到可愛的東西就想捏？

文／羅紹桀

你是否也曾對自己看到可愛的寶寶或動物時，對自己歇斯底里的衝動感到莫名其妙，甚至有罪惡感呢？這樣的衝動到底正不正常？

耶魯大學曾針對這種心理傾向做過研究，而這種衝動稱為「可愛侵略性」（cute aggression）。這項研究由耶魯大學兩名心理系研究生Oriana Aragon和Rebecca Dyer主導，研究團隊在網路上招募了一〇九位參與者，請他們觀看三種被認為是「可愛」、「有趣」和「中性」的動物照片，接著由這些參與者評比那些照片的可愛、有趣程度和讓他們失去控制的程度。研究結果顯示，那些「可愛動物」的相片讓受試者有想「用力捏牠們」的衝動。

接著為了證明那些參與者內心真的想捏爆那些可愛動物，Oriana Aragon和Rebecca Dyer做了進一步的實驗。

這個實驗中，找了另一群人到實驗室裡觀看與前一個實驗相似的照片所製成的一系列投影片，然後給他們一個氣泡袋（用來保護易碎物品常用的包裝材質，有一顆一顆氣泡在上面）然後告訴他們，可以隨著喜好隨時壓破那些氣泡。

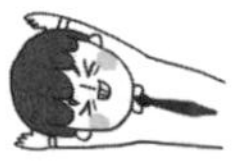

結果是，看著可愛動物的影像時，平均每人壓破了一二〇個氣泡；而看著中性或有趣的動物時，每人平均只壓破了一〇〇個和八十個氣泡。

為什麼會有「可愛侵略性」呢？Dyer認為有兩種可能，一種是我們看到可愛的東西時，本能上會想要保護他們，但礙於情境上的限制（如參與者只是看著動物的照片），無法立即擁抱牠們或是拍牠們的頭，所以感到受挫，進而成為一種侵略性。

另一種可能是，我們經常會以負面的方式宣洩正面的情緒（例如喜極而泣），因此可愛侵略性可以幫助我們宣洩「可愛到受不了」的情緒。

所以，下次看到可愛的小動物而想捏爆的時候不需要覺得有罪惡感，可以坦然承認自己有這種衝動，只是不要實際去做就好。

參考文獻：

- "I Wanna Eat You Up!" Why We Go Crazy for Cute. liveSience [2013.1.21]
- Cute Aggression' Study Links Adorable Animal Photos,Aggressive Behavior.[2013.1.23]
- Study Says It's Totally Normal To Want To Eat A Cute Puppy the gloss[2013.1.21]
- Why Do We Want To Squeeze Cute Things? Popular Science [2013.01.24]
- Aragón, O. R., Clark, M. S., Dyer, R. L., & Bargh, J. A. (2015). Dimorphous Expressions of Positive Emotion Displays of Both Care and Aggression in Response to Cute Stimuli. Psychological science, 0956797614561044.

37 悲傷的樂曲讓人聽了更悲傷？

文／謝承志

剛結束一段感情的她，聽著〈分手快樂〉，想到曾經是每天都過情人節，如今幸福不再，忍不住開始啜泣……傷心時聽著慢歌，或許讓人心如刀割，不過一項新的研究指出，傷心的音樂，其實也會帶來正向的情緒。

東京大學的川上愛（Ai Kawakami）和她的研究成員找了四十四位受試者，讓他們先聽一段之前從未聽過的音樂三十秒，聽完後評估這段音樂聆聽的情緒（perceived emotion），以及自身的感覺（felt emotion）。受試者聽到的音樂是從下面三種音樂中節錄：F小調的Glinka's La Separation、G小調的Blumenfeld's Etude、Sur Mer與G大調的Granados's Allegro de Concierto。由於小調音樂聽起來比大調音樂悲傷，實驗主要是想比對聆聽音樂的情緒與受試者的感覺，所以把這三段音樂分別製作成F大調、G大調與G小調作對比。

每位受試者必須經歷四個階段，兩個階段聆聽快樂的音樂（大調）片刻，兩個階段聆聽悲傷的音樂（小調），然後各有一個階段評估聆聽者的情緒，也各有一個階段評估自身感覺。評定方式，是根據聽完音樂後的六十二個情緒字眼符合程度。

無庸置疑地，小調音樂（悲傷）在負面情緒字眼的符合程度明顯高過於大調音樂（快樂）；不過小調音樂（悲傷）在正向情緒字眼符合程度方面，雖然符合程度低，但感覺上卻顯著高過於聆聽的情緒。也就是說，雖然悲傷的曲子聽起來悲傷，並不代表會讓聆聽者陷入更悲痛的情緒，反倒有安慰、療癒的作用，甚至提供正向的感受。這也許證明了，如果悲傷的音樂只帶來痛苦，為什麼我們還愛聽？

參考文獻：

- Ai Kawakami, Kiyoshi Furukawa, Kentaro Katahira, and Kazuo Okanoya. (June 2013). Sad music induces pleasant emotion. Frontiers in Psychology.

38 正向心理學能幫助你跨出舒適圈？

文／貓心偵探

當我們面臨改變的時候，常常覺得壓力很大。我們希望能夠走出舒適圈（comfort zone），讓自己的視野更廣闊；我們希望能夠很快地從負面情緒當中走出來，但是即使知道怎麼做比較好，我們的身體卻毫無動力。這是為什麼呢？

心理學家Fredrickson在二〇〇一年發表了一篇正向心理學研究的權威之作：《The Role of Positive Emotions in Positive Psychology》。在這篇論文裡提到，正向情緒有助於開拓我們的思想與行動，而負向情緒則相反。

過去的研究發現，愉快（joy）的情緒能夠促使我們去玩樂、擴展我們的能力極限、變得更有創意，而且這樣的效果並不只侷限於社會性或是物理上的行為，也包含了知識以及藝術方面的行為；而對某件事感興趣（Interesting）則促使我們去探索外在世界、學習新的知識、累積新的生活經驗，並且從中擴展自我；滿足感（Contentment）則是促使我們去品味當下，讓我們對自我和對這個世界有了一些新的觀點；榮耀（Pride）則讓我們願意在未來把自己的收穫分享給大家；而愛情

（Love），則是這些正向情緒的融合體，讓我們經驗到了安全感和親密關係，願意和愛人分享上述這四種正向情緒。

Fredrickson曾經做過一個實驗，來驗證正向情緒是否真的可以幫助我們打開視野。實驗者找來了一群受試者，讓他們分別觀看一些會喚起內在情緒的短片，這些短片分別是愉快的、滿足的、恐懼的、憤怒的，以及中性的內容。之後，實驗者會要求受試者用「我想要……」來造句，結果發現，觀看正向情緒喚起影片的那組人，比起負向組和中性組，寫下更多願意立刻去做的事情。

Fredrickson綜合一連串實驗的結果，發現正向情緒除了能夠讓人們的想法和行動變得更積極之外，也能夠較快從負面情緒造成的高血壓、焦慮感……等狀態中恢復過來；此外，還能夠促進心理彈性（fuel psychological resilience），較容易從創傷之中恢復正常，並讓情緒更平穩。

在跨出去的同時，面對你的負向情緒

當你感到壓力很大、難過的時候，如果有人告訴你多往好處想會過得比較好，你一定覺得是廢話，就是做不到嘛！心理學上有一個「蔡戈尼」（Zeigarnik effect）理論：我們會對未完成的事項，記憶特別深刻。所以，在跨出去的同時，請回過頭來好好地面對那些還沒處理完的負面情緒。

有些人以為，只要讓自己變得夠好，就不怕挫折、不再軟弱。但是正向心理學不是要你變得無堅不摧，而是能夠接受自己的脆弱，接受自己即使變得再堅強，都還是會有「生命中不可承受之輕」的事實。

根據正向心理學家Seligmen的說法，此時此刻，美國大概有四分之一的人正在跟你經歷相同的憂鬱情緒；憂鬱症就像感冒一樣，每個人一生中都會經歷過幾次。不過，這並不表示不必去處理那些負面情緒，而是要等到情緒平靜一點，才能好好地面對它。

如果你現在遇到了很大的挫折，暫時沒辦法正面思考，那就給自己一點時間，休息一下吧。不妨找一些理解你的朋友聊聊天，也可以尋求專業心理師的幫助。

心理學研究中有個「腳在門檻內」（foot-in-the-door）效應，只要你開始著手去做，就很容易一直做下去了。

早期曾經有一個實驗，是一群心理學家打電話給加州的家庭主婦，問她們是否願意填一份關於家用產品的小問卷。三天之後，那群心理學家又打來詢問這些家庭主婦，是否願意讓他們派五六個人到對方家，花兩個小時的時間清點她們的家用產品。這些填過問卷的人同意的機會，比起沒有填過問卷的，多了兩倍。另一個近期的研究發現，當人們被問到在酒後叫計程車的意願，填過反酒駕請願書的受試者，比起沒有填過的，更願意這麼做。

所以，千萬別小看動手開始做的力量。也許你有一些想要嘗試的新經驗，卻遲遲不願意動手做。其實你要做的是，立刻把這件事排入你的行程表。如果你想要改變現狀的話，請拿出你的行事曆，填上你的小小目標吧！

參考文獻：

- Barbara L. Fredrickson(2001)The Role of Positive Emotions in Positive Psychology. The Broaden-and-Build Theory of Positive Emotions. Published in final edited form as: Am Psychol. 2001 Mar; 56(3): 218–226.
- Ellsworth PC, Smith CA.(1988) Shades of joy: Patterns of appraisal differentiating pleasant emotions. Cognition and Emotion.1988;2:301–331.
- Frijda NH.(1986) The emotions. Cambridge University Press; Cambridge, England.
- Csikszentmihalyi M.(1990) Flow: The psychology of optimal experience.HarperPerennial; New York.
- Izard CE.(1977) Human emotions. Plenum; New York.
- Ryan RM, Deci EL(2000).Self-determination theory and the facilitation of intrinsic motivation, social development, and well-being.Am Psychol. 2000 Jan; 55(1):68-78.
- Tomkins SS.(1926) Affect, imagery, consciousness: Vol 1 The positive affects. Springer; New York.

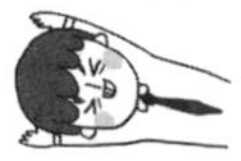

- Lewis M.(1993) Self-conscious emotions: Embarassment, pride, shame, and guilt. In: Lewis M, Haviland JM, editors. Handbook of emotions. Guilford Press; New York: 1993. pp. 563–573
- Fredrickson BL, Branigan CA. Positive emotions broaden action urges and the scope of attention. 2000. Manuscript in preparation.
- Fredrickson BL, Mancuso RA, Branigan C, Tugade MMMotiv Emot.(2000)The Undoing Effect of Positive Emotions.Dec; 24(4):237-258.
- Freedman, J.L. & Fraser, S.C. (1966).Compliance without pressure: The foot-in-the-door technique. Journal of Personality and Social Psychology, 4, 195-202.
- Taylor, T., & Booth-Butterfield, S. (1993).Getting a foot in the door with drinking and driving: A field study of healthy influence. Communication Research Reports, 10, 95-101.

為什麼皮膚會越抓越癢？

——健康篇——

39 男性的「那話兒」平均有多長？

文／陸子鈞

到底人類陰莖平均有多長？這是個千古以來的謎，要是讓男性自行測量後作答，往往在填答時內心陷入掙扎：「要是減一分則太瘦，增一分則太肥」那樣的唬爛謊報。一項英國的最新研究結果，或許是目前最精確的陰莖平均尺寸。

過去許多關於男性陰莖平均尺寸的研究，是由參與者自行量測並填答。「人們傾向高估自己」，心理醫師大衛韋爾（David Veale）說。因此，韋爾與研究團隊，爬梳過去有關男性陰莖尺寸的研究，並篩選出有符合標準量測方法的研究。他們篩選的標準為：

1. 陰莖尺寸由專業人員量測。
2. 測量超過五十位男性。
3. 研究參與者都至少十七歲以上。
4. 研究結果包含平均數與標準差。
5. 長度由恥骨與陰莖交接處，沿著背面量到龜頭；如果有腹部脂肪，則要「挪開」後才能測量。

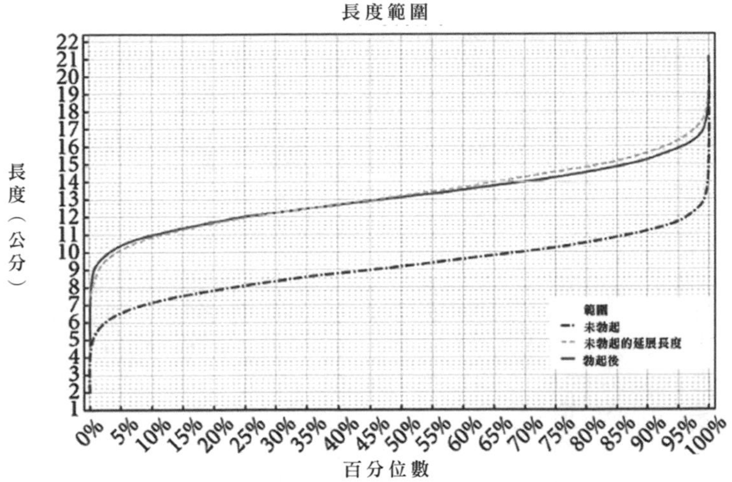

圖一、勃起前後陰莖平均長度分布範圍

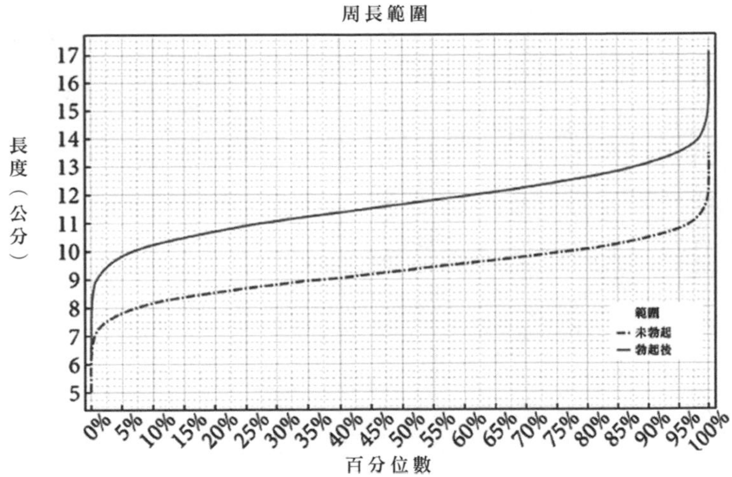

圖二、勃起前後陰莖平均周長分布範圍

6. 周長是量測陰莖底部或者中間，而非龜頭膨大處。
7. 未勃起的陰莖量測方式同勃起後的量測方式。
8. 研究以英文發表。

要是研究中的參與者有勃起障礙、抱怨自己陰莖尺寸、執行陰莖增大術、或者是量測屍體得到的結果，就會被排除。

研究團隊篩選出十七篇過去的研究，共有一五五二一位全球男性的資料。結果顯示，平均來說，未勃起的陰莖長度為九・一六公分，周長9.31公分；勃起後長度為一三・一二公分，周長十一・六六公分。從分布圖來看（圖一），一百位男性中，只有五位勃起後的陰莖長度超過十六公分；相反地，也只有5%的男性勃起後的陰莖長度短於十公分。

除此之外，研究團隊也發現陰莖長度和身上的其他特徵（像是腳長、身高、BMI）並沒有顯著的相關性。而且，不同種族間的男性，陰莖長度也沒有顯著的不同；但韋爾稍作保留，因為研究結果中白人（高加索，Caucasian）男性居多。

韋爾認為色情圖片中普遍誇大男性陰莖的尺寸，這可能會讓男性們相信「他們應該要這樣」；有些網路廣告還會號稱男性勃起後的陰莖平均長度是十七・七八公分，從研究結果看來顯然不是事實。

PTT上男鄉民們的「標配」為三十公分，除了遠遠偏離研究結果之外，也很可能因為性器官的差異而與智人間產生生殖隔離。過去也有研究顯示，男性陰莖尺寸在視覺上對女性來說並不是「越大越有魅力」，所以男性們或許不用像以前一樣這麼擔心自己「G不如人」。

參考資料：

- How big is the average penis? ScienceNow [3 March 2015]
- Veale, D., Miles, S., Bramley, S., Muir, G. and Hodsoll, J. (2015), Am I normal? A systematic review and construction of nomograms for flaccid and erect penis length and circumference in up to 15 521 men. BJU Int. doi:10.1111/bju.13010

40

充足的睡眠會讓人更「性」福嗎？

文／陸子鈞

一般認為，充足的睡眠和健康有關。一項新的研究發現，如果女性想要改善性生活，特別要有更多的睡眠時間。

密西根大學醫學院（University of Michigan Medical School）的卡姆巴克博士（Dr. David Kalmbach），與研究團隊找來一七一位青年女性參與這項研究。首先，她們得填寫一份問卷，調查她們焦慮、憂鬱、性健康……等健康狀況，並在後續十四天起床時完成另一份系列問卷；這份問卷評估過去二十四小時的性狀況以及前一晚的睡眠品質。

結果顯示，睡眠看起來能夠增強性慾；每當多增加睡眠一小時，增加14%與伴侶產生性行為的意願。此外，睡眠也和性器官興奮有關，當睡眠時間較長，則陰道興奮較少遇到障礙。研究成果發表在《性醫學期刊》（Journal of Sexual Medicine）。

卡姆巴克博士提到，過去沒有研究解釋睡眠如何影響性興奮與性慾；事實上可以說這是個不受重視的議題。而這項研究發現了女性睡眠狀況與性健康之間的關聯

（雖然還不清楚詳細的機制為何）。卡姆巴克博士強調，這也不是說越多睡眠越好，而是我們該有身心所需的睡眠長度。

影響性生活的因素很多，即使在這項研究中看來更多的睡眠能夠促進性生活，但女性也不該將更多的睡眠當作是「神奇解藥」；整體的健康、心情、關係的品質也該被重視。

在研究中也提到，失眠與性障礙間的關係時常被忽視，對臨床研究來說也是個重要的領域，醫師或許該評估求診病患的睡眠習慣及失眠問題，作為影響性生活的潛在因子。

參考資料：

- More Sleep Equals More Sex For Women, Says New Study. TechTimes [March 21, 2015]
- An extra hour of sleep boosts women's sex drive by 14%, study suggests. ScienceAlert [27 MAR 2015]

研究文獻：

- Kalmbach, D. A., Arnedt, J. T., Pillai, V. and Ciesla, J. A. (2015), The Impact of Sleep on Female Sexual Response and Behavior: A Pilot Study. Journal of Sexual Medicine. doi: 10.1111/jsm.12858

41 睡眠品質會影響情侶的感情？

文／曾巧君

睡眠是人類生活中重要的休息時間，糟糕的睡眠帶來許多不良影響，除了生理與認知功能外，也可能會影響到人際關係，特別是與枕邊伴侶的互動。正所謂「好的睡眠讓你上天堂，不好的睡眠讓你上槍膛」，不好的睡眠可能會惡化情侶間的衝突，並降低對另一半的同理心，讓戀人間的關係拉起警報。

研究者找來七十八位戀愛中的年輕人，想要瞭解睡眠與日常生活中的衝突之間的關係，請這些參與者記錄兩週的睡眠日誌及生活經歷，此外也調查他們每天的壓力、焦慮、憂鬱心情和關係滿意度，並評估伴侶是否為睡眠干擾來源，以排除睡眠與衝突之間其他可能的解釋。結果發現：前一晚沒睡好的話，隔天更容易出現情人間的衝突，而這並不是因為壓力、焦慮、憂鬱……等其他因素所造成。

既然衝突發生了，那麼沒睡好是否也會影響解決衝突的能力呢？接下來研究者找了七十一對情侶，請他們先評估前一晚的睡眠情況，之後討論關於彼此之間衝突的看法。交談過程會錄影下來，結束後讓他們評估在衝突對話中，對自己及伴侶的正負向情緒與同理心，並評估對話後能否達成衝突的解決。另外也會讓三位公正人

員觀看影帶來評估參與者的正負向情緒，以正確識別他們的情緒及同理心程度。結果發現，要是前一晚沒睡好的話，兩人間正向情緒的對話就會相對減少，且同理心程度也會降低。在衝突解決上，兩人都有睡好的話，則明顯較能解決衝突，若其中有一人沒睡好，都將會影響衝突的解決能力。看來前一晚要是睡得不好的話，兩人因溝通技巧變差，而使得較容易出現嚴重衝突。

兩人之間要長時間相處是件藝術，更不是件容易的事，除了一般生活上的瑣事、壓力外，睡眠不足所造成的影響很容易被忽略，但這確實會使得人們在人際互動上變差。因此，若不想要增加與愛人間的爭執，就讓彼此睡好一點吧！免得隔天掀起一場愛的暴風雨，讓枕邊風變成暴風可就不好了。

參考文獻：

- The Role of Sleep in Interpersonal Conflict: Do Sleepless Nights Mean Worse Fights? doi: 10.1177/1948550613488952

42

失智症的發生與睡姿有關嗎？

文／蔡宇哲

常常看到網路或是書裡討論不同睡姿對性格、夫妻情感……等的影響，很多人習慣入睡時側睡，睡醒後發現還是側睡，就以為自己整晚都是側睡，其實側睡是把身體所有重量都加諸於體側的小範圍面積，持續不動久了一定會不舒服、手會麻掉；因此大腦會在你沒意識的狀態下轉換睡姿。既然睡姿的變化並不是意識可以控制，那麼要說能從睡姿看出什麼個性端倪，也只是僅供參考。

不過一篇發表於《神經科學（The Journal of Neuroscience）》期刊的研究，其結果可推論，側睡可能有助於降低罹患失智症的風險，這是怎麼來的呢？

先前研究已得知：

1. 睡眠有助於清除大腦中的廢物，這當中包含乙型澱粉樣蛋白（β-amyloid）。

2. 目前認為造成阿茲海默症（Alzheimer's disease）的主因是腦中乙型澱粉樣蛋白堆積過多。

結合上述兩者，當你睡不夠、睡不好時，大腦清除廢物的效率就變差，廢物沒

清完繼續累積，多了就會造成阿茲海默症。有許多研究也都發現睡眠與阿茲海默症有關。

既然睡眠與清除腦中廢物有關，那怎麼睡可以讓清除效率最佳呢？研究團隊想到睡姿這點，如果能夠找出最佳的睡姿，也就可以清除得更快、更不容易罹患阿茲海默症。因此研究團隊就以老鼠為對象，麻醉後處於仰躺、趴臥與側身三種姿勢，以腦造影的方式來觀察老鼠大腦清除廢物的速率。結果發現不同姿勢確實有差，側身看來清除速率最佳，仰躺次之，趴臥最差。因此結合了前提的兩點，推論得到「側睡可降低罹患失智症風險」的結論。

但我建議目前還不需要過於看重這個結果開始練習側睡，或是去買側睡專用枕頭來練習，理由如下：

1. 人們入睡後睡姿本來就會不斷改變，既然如此，以何種睡姿入睡其實也沒那麼重要。

2. 若詳細去看文獻結果會發現，雖然不同睡姿間會有統計學上的差異，但其實是側睡＝仰睡＞趴睡，側身時的清除速率雖然較高但跟仰躺很接近，兩者並沒有統計上的差異；換句話說，側身跟仰躺是沒有差異的。而一般人睡眠中最常出現的睡姿就是這兩種，既然這兩種都差不多，也就無須特別強調側睡。

3. 這是在老鼠身上做的實驗，因為身體結構的關係，老鼠基本的睡姿並不是仰睡與側睡，因此這研究套用在人身上的效果如何還有待瞭解。

4.這是在麻醉狀態下做的實驗，並不是老鼠睡著時，這兩者狀態有相同也有不同之處，實際睡眠情況如何也尚待瞭解。

結論是：睡姿什麼的還不需要太過於在意，讓自己睡得好、睡得飽才是最重要的。

參考文獻：

- The Effect of Body Posture on Brain Glymphatic Transport. doi: 10.1523/JNEUROSCI

43 雙胞胎容易一起感冒嗎？

文／王晴瑩

同卵雙胞胎擁有同一套基因，因此身高、長相都可能非常相近，那他們的免疫系統也會長得一樣嗎？研究雙胞胎的免疫反應，可以幫助科學家們進一步瞭解免疫系統的發展和變異的原因。

我們的免疫系統極度複雜，是由多種白血球及傳訊蛋白組成的軍隊，隨時準備好對可疑的入侵者發動攻擊。這些不同的細胞和蛋白質會以獨特的比例構成，造就了每個人身上不盡相同的防禦系統。這套防禦系統會受到先天基因的影響，同時也因為後天接觸的環境而有所不同（藉此我們有了疫苗的發明）。

那麼到底是先天還是後天的影響比較重要呢？為了解開這個「先天VS.後天」的謎題，史丹佛大學的Mark Davis教授與他的團隊進行了黃金標準試驗：雙胞胎研究。研究的背景原理是根據雙胞胎基因的相似度：同卵雙胞胎在基因上幾乎完全相同，異卵雙胞胎雖然遺傳自同一對父母但基因差異較大。所以如果某項特徵是從遺傳而來的，那麼在同卵雙胞胎之間的相似度就會比較高，如此一來，科學家就可以進一步找出調控的基因。

在這篇二〇一五年發表在《細胞》（Cell）期刊的研究中，美國史丹佛大學的Davis教授和瑞典Karolinska研究所共同合作，找來了從八歲到八十二歲、一共二一〇對的同卵及異卵的雙胞胎，抽血檢驗了超過二〇〇項免疫指標，其中包含了九十五種免疫細胞和五十一種蛋白質。研究發現，同卵雙胞胎的免疫系統差異甚大，許多免疫指標無法回推到共同的基因組合。

研究顯示，在75%免疫指標中，環境的影響比起基因遺傳來得顯著。此外，免疫系統在年齡較小的雙胞胎之間也比年長的雙胞胎來得相似，證明了隨著年歲增長、暴露的成長環境不同，免疫系統會發展成不同的樣貌。

作者也試驗了雙胞胎對流感疫苗的反應。不同人對於疫苗的反應強弱不同，反應比較強的人會產生較多的抗體來對抗外來的抗原。如果這個特徵有遺傳性，那麼同卵雙胞胎應該要有相似程度的反應；但實際上，研究中發現反應強弱的差異是以環境影響為主，推論可能跟個體之前接觸過的流感病毒株相關。

科學家們也研究雙胞胎的免疫系統如何對抗巨細胞病毒。巨細胞病毒（cytomegalovirus）通常潛伏在人體裡，很少會造成症狀。就理論來說，若雙胞胎中一個有感染，而另一個沒有，那麼他們的免疫系統變異就比兩個都沒有感染的雙胞胎來得大。結果發現，鉅細胞病毒的感染會影響超過60%的免疫指標，Davis教授認為這就是後天環境因素影響免疫系統的最佳證據。

「這個研究不只做了雙胞胎試驗，還測試了極多種免疫指標，真的非常新

穎。」洛克菲勒大學免疫學家Jean-Laurent Casanova說。

加州理工學院（California Institute of Technology）的免疫生物學家諾貝爾獎得主David Baltimore則說：「這項研究雖然沒有革命性的結果，結論也符合主流的想法，但研究發現：隨著年紀增長，我們的免疫系統就會變得越來越個人化，這點非常令我印象深刻。」

這篇論文巧妙地針對真正的雙胞胎進行人體研究，對免疫系統的可塑性提供了強大的證據。除了更進一步證明施打疫苗引發特異性免疫反應（acquired immunity）的重要性，也替發育早期經由自然免疫（innate immunity）刺激，調整發育後期免疫相關疾病（如過敏或其他自體免疫疾病）發生機會的可能性提供實證性的基礎。

如果你家有對雙胞胎，你大概會希望他們有相同的作息，在同一個時間睡覺、一起去學校上學，但一定不希望他們同時感冒，畢竟照顧一個就已經夠頭大了，還一次來兩個！

「雙胞胎是不是容易一起感冒？」牽涉的因子或許沒有實驗室研究這麼單純。研究雖然指出環境因子對免疫系統的影響較大，但如果家裡的雙胞胎年紀還小，接觸的環境不多（兩人接觸的環境還可能非常類似），甚至因為玩在一起而交叉感染，都可能讓雙胞胎們容易同時感冒。或許隨著他們慢慢長大，免疫系統就會變得越來越不同了。

參考文獻：

- 2015/01/15 Environment, more than genetics, shapes immune system. ScienceMag.
- Brodin, P., Jojic, V., Gao, T., Bhattacharya, S., Angel, C., & Furman, D. et al. (2015). Variation in the Human Immune System Is Largely Driven by Non-Heritable Influences. Cell, 160(1-2), 37-47. doi:10.1016/j.cell.2014.12.020

44

如何舒緩耳鳴的症狀？

文／洪群甯

對於經歷過耳鳴的人來說，輕則有幾秒鐘惱人、不舒服，重則可能影響日常生活；耳鳴的成因大多與老化或暴露吵雜環境中引起的聽力受損有關。耳鳴時會感受到的主觀聽覺，不只是來自於耳朵那麼直接，若以知覺（perception）層面來看的話，其實腦中的顳葉（temporal lobe）才是接收、詮釋、產生出這些聽覺的主角！

近期一篇刊登在《當代生物學》的個案研究中，第一次利用侵入式電極，直接測量個案歷經耳鳴中的腦部活動（透過清醒開腦手術過程中，在個案大腦貼上一六四個電極點觀察），這位自願協助研究的個案是名五十歲男性，正在做為期兩週的癲癇腦部追蹤又剛好有耳鳴症狀。過程中團隊利用殘餘抑制（residual inhibition）的方式來操縱個案的耳鳴——透過耳機給予額外的低頻聲音刺激，遮蔽住原先腦內出現的主觀耳鳴聲，利用此技術個案回報大約有一半機率能立即停止耳鳴聲。

一般認為耳鳴的發生，與聽覺相關的腦區有直接關係；在這次的研究結果除了觀察到，聽覺區出現了耳鳴特有的低頻delta波震動（oscillations），發現還有更多更廣的腦區參與其中。為了進一步分辨耳鳴與聽到聲音時腦部活動之差異，研究團隊模擬了個案報告耳鳴時所主觀聽到的聲音，並記錄聽到這類聲音時大腦的反應，發現即使是類似的聲音，但在一般狀況聽到時腦中的反應卻只集中在某一小區域。

這樣的結果意味著耳鳴的發生並非單純與聽力損失相關，這當中還牽涉到更多相關腦區運作；同時也給予相關耳鳴治療一個很好的方向，好比需要病患練習控制他們腦波的神經回饋（neurofeedback）——耳鳴發作時可能與腦中某些腦波活化相關，所以想要降低耳鳴的發生可以透過腦波練習的方式進行；在練習過程中個案必須嘗試許多不同的狀態，然後漸漸找出使他主觀感覺耳鳴有改善的情境加以練習。

研究團隊希望未來能透過更多更深入的腦區認識，給予相關治療一些幫助，但未來還有很長的一段路要走呢！

參考文獻：

- In search of tinnitus, that phantom ringing in the ears. Science Daily [23 April,2015]
- Tinnitus mapped inside human brain. BBC Science & Environment News [23 April,2015]
- Sedley et al. Intracranial mapping of a cortical tinnitus system using residual inhibition. Current Biology, 2015 DOI: 10.1016/j.cub.2015.02.075
- 台灣耳鳴學會——藉由調製的聲音短暫抑制耳鳴

45

自古以來，人們如何對抗擾人的「痔瘡」？

文／**蔣維倫**

你也為痔瘡所苦嗎？

這令人痛苦又難以啟齒的痔瘡不只是平民百姓的獨有，號稱八風吹不動的大文豪蘇東坡也長年為痔瘡所惱，他曾和好友程正輔通信吐訴痔瘡之苦：「舊苦痔疾二十一年，今忽大作，百藥不效……」

法國皇帝拿破崙，更在壯年二十八歲時患上痔瘡，這個來自「背後」的敵人不僅時時刻刻讓他坐如針氈，更別想要騎馬上陣征戰了。甚至英國作家梅森（Phil Mason）在他的書《拿破崙的痔瘡》（*Napoleon's Haemorrhoids*）中認為，是痔瘡發作使得拿破崙在滑鐵盧之役戰敗。

「坐如針氈，有苦難言」恐怕是形容得到痔瘡後最貼切的話了。在肛門的周邊有大量的結締組織，主要的功能就是讓你能夠隨心所欲的「收放自如」。當組織腫脹、發炎，就變成惹人惱怒的痔瘡了。

得到痔瘡的機會有多大呢？來自墨西哥 Luis Charúa Guindic 學者的研究發現，年齡是關鍵的因素之一！在二十歲之前通常不會「少年得『痔』」，隨著年紀漸

長，得到痔瘡的風險也就越高，約莫到了五十歲，有一半的人會罹患痔瘡。

如果你平時缺乏運動，而且飲食中又缺乏纖維（如：肉類食物中就缺乏纖維），再加上從事長期坐著的職業，那麼你得格外當心啦！因為以上都是得到痔瘡的高風險因子。此外，準媽媽在懷孕時，由於子宮壓迫腹腔的靜脈系統，因此痔瘡也成了懷孕晚期常見的症狀之一。

痔瘡的英文「hemorrhoids」來自於兩個古希臘字的組合，分別是「haima」（意指：出血）和「rhoos」（意指：流出），顯示流血是痔瘡很顯著的病徵，甚至有時會血流不止。雖然曾有痔瘡血流不止而導致貧血的案例，但畢竟仍是少數。

古今中外的治療方式

因為痔瘡伴隨人類的文明許久，自然也就有一些有效的療法流傳下來。遠從古希臘時代，西方醫學之父希波克拉底就有兩種治療的方法：（A）用絲線紮住患部；（B）或是用火燙的烙鐵燒掉痔瘡。到了拿破崙時代，當時的人把嗜血的水蛭放在肛門的附近，讓水蛭吸食血液，以消除那令人不快的「腫脹感」。

反觀中醫就舒服多了，講求從補氣養身做起。《本草綱目》記載黑木耳：「性平，味甘，善能涼血止血，治療便血、痔瘡」。而螺螄：「醒酒解熱，利大小便，治脫肛、痔漏」。三折肱為良醫，文學家蘇東坡不只為了痔瘡忍痛斷酒肉，也自創

了食療的食譜：「黑芝麻去皮，九蒸曬，茯苓去皮，入少白蜜為麵。食之甚美，如此服食多日，氣力不衰，而痔減退。只吃此麵，不消別藥，百病自去，此長年真訣也……」

回到現代醫學，痔瘡若是病情沒有嚴重到需要動刀，可以採用高纖維飲食、正常排便來改善病情。發作時可以坐在裝滿熱水（40～42℃）的臉盆上至少三分鐘，或者局部塗抹軟膏；這種藥劑通常包含血管收縮劑或麻醉劑等物質，也能有效舒緩不適的感覺。

要是需要動手術，現在還有自希波克拉底時代就流傳下來的橡皮圈結紮法，以及紅外線熱燒灼療法等。近來還有一種新的微創手術，先利用超音波找出患部的動脈，再將血管結紮；根據研究，這種微創手術的效果和傳統手術一樣好，且僅有少數患者會出現術後出血的後遺症。

預防勝於治療，如廁時不使用電子產品或閱讀；如廁後使用濕式衛生紙，加上充足的運動以及高纖維的飲食組合，都能預防痔瘡發生。

改編自漫畫的電影《羅馬浴場》中，工藝極致的免治馬桶也能有效預防痔瘡。來自美國的 Richard G. Stefanacci 博士和 Dan Haimowitz 醫師，在二〇一四年發表了一篇文獻推論，日本的免治馬桶有預防痔瘡的功效！倘若拿破崙生在現代的日本，感受到免治馬桶來自背後那股親切的暖流後，想必他也會說一聲「C'est très confortable, ça !」吧～

參考文獻

- Frederick F. Cartwright、Michael Biddiss (2005)・疾病改變歷史・香港：三聯出版社。
- Moonkyung Cho Schubert, Subbaramiah Sridhar, Robert R Schade, and Steven D Wexner (2009). What every gastroenterologist needs to know about common anorectal disorders. World Journal of Gastroenterology, 15(26), 3201-3209
- Varut Lohsiriwat (2012). Hemorrhoids: From basic pathophysiology to clinical management. World Journal of Gastroenterology, 18(17), 2009-2017
- Luis Charúa Guindic (2014). Treatment of uncomplicated hemorrhoids with a Hemor-Rite® cryotherapy device: a randomized, prospective, comparative study. Journal of Pain Research, 7, 57-63
- Orit Kaidar-Person, Benjamin Person, Steven D. Wexner (2007) Hemorrhoidal Disease: A Comprehensive Review. Journal of the American College of Surgeons, 204(1), 102-117
- Anmol Chugh, Rajdeep Singh, PN Agarwal (2014) Management of Hemorrhoids. Indian Journal of Clinical Practice, 25, 577-580
- Rudolph M. Kluiber, Bruce G. Wolff (1994) Evaluation of anemia caused by hemorrhoidal bleeding. Diseases of the Colon and Rectum, 37(10), 1006-1007

- Syed A. Aziz, Shamoon Noushad, Sadaf Ahmed (2015) Generalized review of the successes and challenges of medicine; an insight of the past, present and future prospects. International Journal of Endorsing Health Science Research, 3(1), 1-13
- Karen van Rensburg (2012) Treating haemorrhoids. South African Pharmacist's Assistant, Spring, 32
- Hyung Kyu Yang (2014) • Hemorrhoids • Germany ·· Springer Science & Business Media
- Danny Jacobs (2014) Hemorrhoids, The New England Journal of Medicine, 371, 944-951
- Ratto C, de Parades V (2015) Doppler-guided ligation of hemorrhoidal arteries with mucopexy: A technique for the future, Journal of Visceral Surgery, 152(2), S15-S21
- Shauna Lorenzo-Rivero (2009) Hemorrhoids: diagnosis and current management, The American Surgeon, 75(8), 635-642
- Richard G. Stefanacci, Dan Haimowitz (2014) Bathroom assistances, Geriatric Nursing, 35, 151-153

46 為什麼有的人會暈車？

文／楊昀霖

為什麼有人可以輕鬆地單手騎腳踏車，但上了汽車卻暈半天；有人走在路上一不小心就仆街，在車上竟然能像條龍！

想瞭解這個問題之前，先談談什麼是平衡感。我們的大腦是由三種感覺受器來接收訊息，再藉由控制肢體維持平衡。

視覺：除了用來看東西以外，它能夠幫助大腦瞭解四周的環境。雙眼視覺能夠建立空間概念，幫助我們在行走時預判出腳該伸多遠。視覺也會影響站立時的靜態平衡，最簡單的例子就是當我們閉起眼睛擺出金雞獨立的動作時，會發現身體搖晃程度遠大於睜開眼睛。

本體覺：受器來自於肌肉及關節，大腦接收來自受器的訊息以判斷身體四肢的相對位置、用力大小，因此得以精準地控制肢體。舉例來說，即使你的眼睛盯著正妹大頭貼，依然能夠用手指在電腦鍵盤上打字。

前庭系統：包含內耳中的三個半規管，負責偵測頭部轉動方向及速度。其中附著在內耳中的耳石組織會在我們頭部移動位置時產生垂直或水平的加速度，幫助大

腦瞭解頭與地心引力的相對位置。藉由前庭神經讓我們能夠感覺到目前是身處於平地上還是行進中的捷運，並在緊急煞車時能夠感受到速度變化，即時做出反應。

上述這三種感覺會同時傳給大腦來進行統合，判斷出肢體在空間的位置，如此一來，才得以控制肢體維持平衡。所以平衡感好的人通常前庭覺、本體覺與視覺三種感覺協調得很好。

但是當前庭覺、本體覺與視覺看到的景物不同時，就會引起知覺衝突，產生暈眩、噁心的感覺。目前較廣為人接受的暈車理論是：當我們坐在車上看向窗外，風景是由左向右移動的；或是低頭看著報章雜誌，眼前的物體是靜止的。但是前庭系統卻告訴大腦，身體正在向前移動，兩種感覺訊息互相矛盾，大腦會以為自己看到幻覺；而人類由演化經驗得知「產生幻覺最可能的原因是誤食中毒」，於是中樞神經的嘔吐反射就會啟動，透過嘔吐來排毒。

減緩頭暈症狀的方法很簡單，我們必須儘量減低感覺器官間的衝突，坐在車上時看向前方，並減少頭部不必要的轉動，讓視覺與前庭覺感覺訊息是一致的，或是乾脆閉上眼睛，避免大腦以為自己中了幻術。

前庭敏感的人的確容易暈車，但跟平衡感並沒有正向關聯。平衡感好不好，不能夠直接從容不容易暈車來判斷，畢竟平衡感不只是大腦需要處理感覺刺激，還需要良好的控制肌肉骨骼系統協調才能夠不跌倒喔！

參考文獻：

- Bundy, A. C., Lane, S., & Murray, E. A. (2002). Sensory integration: Theory and practice (p.276-278). Philadelphia, PA: FA Davis.
- Yates, B. J., Miller, A. D., & Lucot, J. B. (1998). Physiological basis and pharmacology of motion sickness: an update. Brain research bulletin, 47(5), 395-406.

47

為什麼皮膚會越抓越癢？

文／葉綠舒

夏天到了，那些嗡嗡叫的小昆蟲又出現了！有些人被咬了以後只有一個小紅點，有些人卻會腫一包，還會開始發癢。

會發癢的朋友們應該都有這個經驗，就是越抓越癢。為什麼抓癢反而不能止癢呢？

其實在二〇〇九年之前，科學界們一直認為癢跟痛是一樣的感覺，只是程度不同；但是在二〇〇九年，華盛頓大學的Zhou-Feng Chen博士領導的研究團隊在老鼠身上發現了癢覺接受器，於是癢這個感覺正式獨立。

不過，雖然癢跟痛使用不同的受器，但是它們共用相同的腦區。也就是因為它們共用相同的腦區，當痛覺產生時，癢覺就會被抑制；所以抓可以暫時止癢。因為抓所產生的是「痛」，於是癢覺便被抑制了。

不過，華盛頓大學的研究團隊最近發現，我們會越抓越癢，是因為抓的時候同時也分泌了血清素（serotonin）。

血清素有止痛的作用，所以抓癢時不會感到痛，而刺激了痛覺接受器又可以暫

時止癢，所以抓癢可以帶來好～舒～服的感覺！當然，如果抓破皮以後，帶來的痛覺就沒有那麼容易消除了。

那麼，血清素為什麼會讓我們越抓越癢呢？原來是因為血清素分泌了以後，活化的受器接著又去活化兩種受器：一種（5-HT1A）可以止痛，另一種（GRP受器）卻會讓我們覺得更癢。而血清素只會與止痛的受器結合來達成止痛的效果，另一個受器就這樣被活化，所以我們就覺得越抓越癢了！

參考文獻：

● Zhong-Qiu Zhao. 2014. Descending Control of Itch Transmission by the Serotonergic System via 5-HT1A-Facilitated GRP-GRPR Signaling. 84(4): 821–834.

48

吃藥不能配柚子嗎？

文／蔣維倫

在國外，曾有服用抗凝血劑的病人，只因為喝蔓越莓汁和吃抗凝血劑，數週後卻死於腸胃道和心室大量出血。這究竟是怎麼一回事呢？

藥物和食物的交互作用

人體有許多酵素會和藥物作用，有些負責代謝、分解藥物，降低它的毒性；有些則是增強、提升藥物的療效。其中最為人熟知的酵素是細胞色素Ｐ４５０（cytochrome P450, CYP），此酵素會代謝許多的藥物，以臨床上用來防止血栓形成的抗凝血劑——香豆素（warfarin）為例，香豆素會影響維他命K（vitamin K）的轉化，降低凝血的機率，以避免不正常的血栓形成。

而細胞色素Ｐ４５０能將香豆素代謝排出體外，以避免香豆素在體內留存過久，過度延長藥物作用而導致藥物中毒。因此醫師在給藥之際，會考慮到患者體內的Ｐ４５０酵素的代謝能力，給予合適的劑量，讓病人體內的香豆素濃度不

至於過低而沒有療效，也不會濃度過高導致凝血功能過低，反而出現全身出血的副作用。

接下來再介紹一個有意思的蛋白質，P-醣蛋白（p-glycoprotein, P-gp）。癌細胞上的P-醣蛋白大家已經耳熟能詳，是讓癌細胞獲得抗藥性的小惡魔之一。但在小腸細胞膜上P-醣蛋白的任務，是將已被腸壁細胞吸收的藥物吐回小腸中。以抗排斥用藥環孢靈（cyclosporine）和普樂可復（tacrolimus）為例，腸壁細胞的P-醣蛋白會將部分藥物排回腸道內，避免過多的藥物進入全身循環，引起過高的藥物濃度而導致藥物中毒。

那麼葡萄柚、蔓越莓這些好吃的水果又怎麼變成兇手了呢？原因在於這些水果含有furanocoumarins一族的化合物，此類化合物會抑制小腸壁細胞內的細胞色素P450，減緩藥物的分解，導致藥物在患者體內的濃度過高。而furanocoumarins化合物同時也會抑制P-醣蛋白，使得腸壁細胞無法將過多的藥物吐出，進而使得藥物源源不絕地從小腸進入體內大行其道！「分解、排出」這兩道手續同時被抑制，因此和葡萄柚、蔓越莓一起服用的藥物，其濃度有可能會在病人的體內過高，而導致藥物中毒（如：抗凝血藥物的濃度過高，可能會導致異常的出血）。

柚子和藥物也會有不良的交互作用嗎？

網路上流傳一張照片，有位婦人上臂瘀青，起因據稱是同時服用抗凝血劑香豆素和中秋節常見的水果——柚子。這是真的嗎？筆者決定查詢是否有臨床案例的報告，結果遍尋不著香豆素和柚子（大白柚，Pomelo）的臨床案例，但仍搜尋到許多藥物和柚子之間，會產生交互作用的臨床案例及研究，顯示柚子和藥物一起食用，「有可能」會對病人服藥結果有不良影響，仍需謹慎視之。內容簡附於左頁表格：

因此，筆者有兩點結論：

一、柚子和某些藥物一起食用，「有可能」會對病人有不良的結果。

二、任何關於健康的網路資訊，都值得進一步查詢。如有疑慮，強烈建議連繫醫藥專業人員做進一步的諮詢。

最後附上美國食品藥物管理署（U.S. Food and Drug Administration, FDA）官網所列的資料，哪幾類的藥物跟葡萄柚一起吃，可能會有不良的交互作用：

- 某些降膽固醇用藥，如：辛伐他汀（Zocor, simvastatin）、立普妥（Lipitor, atorvastatin）和普伐他汀（Pravachol, pravastatin）
- 某些降血壓用藥，如：硝苯地平（Nifediac, Afeditab）
- 某些抗排斥用藥，如：新體睦軟（Sandimmune, Neoral）
- 某些抗焦慮用藥，如：丁螺環酮（BuSpar, buspirone）

水果	藥物	簡述	文獻
大白柚	抗排斥藥（cyclosporine）	健康的人體試驗	Clinical Pharmacology & Therapeutics, 2006, 79, 255
大白柚	抗排斥藥（tacrolimus）	大鼠實驗	Drug Metabolism and Pharmacokinetics, 2011, 27, 242
蔓越莓	抗凝血劑（warfarin）	臨床案例 案例死亡	The BMJ, 2003, 327, 1454
蔓越莓	抗凝血劑（warfarin）	臨床案例	Clinical Therapeutics, 2007, 29, 1730-1735
葡萄柚	心臟用藥（cilostazol）和阿斯匹靈（aspirin）	臨床案例	Journal of Clinical Pharmacy and Therapeutics, 2007, 32, 457

- 某些治療心律不整用藥，如：臟得樂（Cordarone, Nexterone）
- 某些抗過敏、發炎用藥，如：艾來（Allegra, fexofenadine）

（本文感謝衛生福利部台東醫院檢驗科張昱維〔Yu-Wei Chang〕協助）

參考文獻

- Egashira K, Sasaki H, Higuchi S, Ieiri I. (2011) Food-drug Interaction of Tacrolimus with Pomelo, Ginger, and Turmeric Juice in Rats, Drug Metabolism and Pharmacokinetics, 27, 242-247

- Grenier J, Fradette C, Morelli G, Merritt GJ, Vranderick M, Ducharme MP. (2006) Pomelo juice, but not cranberry juice, affects the pharmacokinetics of cyclosporine in humans, Clinical Pharmacology & Therapeutics, 79, 255-262
- Kanoko Egashira, Hisakazu Ohtani, Suwako Itoh, Noriko Koyabu, Masayuki Tsujimoto, Hideyasu Murakami, and Yasufumi Sawada (2004) Inhibitory effects of pomelo on the metabolism of tacrolimus and the activities of CYP3A4 and P-glycoprotein, Drug Metabolism and Disposition, 32, 828-833
- Christine H. Paeng, Michael Sprague and Cynthia A. Jackevicius (2007) Interaction Between Warfarin and Cranberry Juice, Clinical Therapeutics, 29, 1730-1735
- Munir Pirmohamed (2013) Drug-grapefruit juice interactions, The BMJ, 346, DOI: 10.1136/bmj.f1
- Rafe Suvarna, Munir Pirmohamed, Leigh Henderson (2003) Possible interaction between warfarin and cranberry juice, The BMJ, 327, 1454
- Ying-Ku Lin, Ming-Thau Sheu, Chia-Hui Huang, and Hsiu-O Ho (2009) Development of a Reversed-Phase High-Performance Liquid Chromatographic Method for Analyzing Furanocoumarin Components in Citrus Fruit Juices and Chinese Herbal Medicines, Journal of Chromatographic Science, 47, 211-215
- Taniguchi, H. Ohtani, T. Ikemoto, A. Miki, S. Hori and Y. Sawada (2007) Possible case of

potentiation of the antiplatelet effect of cilostazol by grapefruit juice, Journal of Clinical Pharmacy and Therapeutics, 32, 457

- 黃宗賢，葡萄柚汁之藥物交互作用，藥學雜誌第九十七期。
- 財團法人藥害救濟基金會官方網頁：
http://www.tdrf.org.tw/ch/05knows/kno_02_main.asp?bull_id=5275
- Grapefruit Juice and Medicine May Not Mix. 美國ＦＤＡ官方網頁：
http://www.fda.gov/ForConsumers/ConsumerUpdates/ucm292276.htm

49 氣喘比較容易在深夜發作？

文／葉綠舒

近年來許多研究都發現，晝夜節律（circadian rhythm）對我們的生活至關緊要。晝夜節律不只是讓我們在跨洲旅行時發生調適問題，還會影響身體的代謝，甚至對於疾病的治療也產生影響。由杜蘭大學發表的一項研究就發現，如果晚上入睡後臥室還有微光，對於乳癌的治療會產生不良的影響，使得乳癌細胞對抗癌藥物tamoxifen產生抵抗性。

最近在英國曼徹斯特大學的研究團隊發現，由於氣管上皮的Clara細胞召喚白血球的能力也受到生物時鐘的調節，因此未來在治療肺炎以及氣喘上，也需要把這部分考慮進去。

位於氣管上皮的Clara細胞（又名club細胞）是半球形的細胞，它的主要功能是保護小支氣管上皮，包括分泌糖胺聚糖（glycosaminoglycan, G.A.G.）、將肺部吸入的有毒物質解毒、補充小支氣管上皮細胞，以及召喚中性球（neutrophil，白血球的一種）啟動發炎反應等等。由此可知，當肺部有發炎的情況時，Clara細胞是非常忙碌的！由於不論是肺炎或氣喘，其實氣管都有發炎的現象，因此在這些狀況下，Clara細胞的角色就非常重要。

英國曼徹斯特大學的研究團隊發現，Clara細胞透過分泌ＣＸＣＬ５這個趨化因子來召喚中性球；而ＣＸＣＬ５的製造受到生物時鐘的調節。當ＣＸＣＬ５因為Clara細胞本身的時鐘基因發生問題或是腎上腺皮質素分泌不足，導致它的製造無法呈現出晝夜節律的變化時，小支氣管上皮便會出現中性球增多的現象，造成嚴重的發炎反應，使得小支氣管以及肺部受損。由於氣喘或肺炎的患者在治療上也會使用腎上腺皮質素，但有些病人對於皮質素治療的反應不佳，是否是因為時鐘基因受損的緣故呢？

因為ＣＸＣＬ５的晝夜節律的關係，實驗動物在不同時間注射引發發炎的物質時，以凌晨的反應最強。是否是因為這樣，所以氣喘總在深夜跟凌晨時發作？但是，研究報告中也提到，對腎上腺皮質素治療反應不佳的患者，如果是因為時鐘基因的缺損，似乎也無法以加重腎上腺皮質素來達成治療效果。在英國，每年之中每一千名成人就有一人感染肺炎；除此之外，還有超過五百萬人有氣喘的問題。這些人裡面，又有多少人是不能使用腎上腺皮質素的呢？這就有待醫學專家來解答這個問題囉！

參考文獻：

- 夜間的光線會影響到癌症治療的效果 Miscellaneous999[2014.7.29]
- 維基百科
- J. Gibbs et. al., 2014. An epithelial circadian clock controls pulmonary inflammation and glucocorticoid action. Nature Medicine.

50
健身能加強我們的記憶力？

文／莊一清

運動不僅可以減肥，還可以保持身體的健康；重量訓練除了能雕塑身材外，還可以提升記憶力。由美國喬治亞理工學院所進行的一項研究指出：只要在接收資訊後進行重訓二十分鐘，就能夠顯著地提升我們大腦的情節記憶。

這個研究主要是探討重量訓練與記憶之間的關係。參與者每人需用電腦連續看九十張的照片，此時並未被要求要記住。這些照片分成三種：正向的（例如小朋友在滑水道上）、負面的（例如被分屍的屍體），還有中性的（例如時鐘）。接著被要求坐在一張伸展腿部肌肉的機器，實驗組需進行費力的重量訓練，依照個人肌力的極限伸展與收縮腿部五十次；而控制組則是簡單的坐在椅子上，毫不費力地讓機器移動他們的腳，全程記錄參與者的心跳、血壓與唾液樣本。四十八小時後再回到實驗室，然後看一八〇張照片來回憶之前是否看過這張照片。這一八〇張由原本的九十張加上九十張新的照片組成。

由於一開始呈現照片時並未要求參與者要認真記下來，因此若沒有記憶效果的話，答對率應該是50％左右，相當於猜測的機率。然而結果發現：進行重量訓練的

實驗組能回憶起60%的照片，明顯比控制組（50%）要來得高。

生理指標發現進行重量訓練的參與者其唾液中α澱粉酶（alpha amylase；一種腎上腺素標誌）會增加，心跳與血壓也是如此，這樣的生理反應就如同人們遇到壓力時一樣，促使了記憶力提升。也就是說，這種像是短期壓力般的影響（腎上腺素的增加）提升了我們的記憶能力。

所以啊下次遇到要考試前，努力讀書一陣子後不妨穿上運動服、帶上毛巾去健身房運動一下，不僅可以紓壓，或許還會有意想不到的記憶強化效果呢！

參考文獻：

- A single bout of resistance exercise can enhance episodic memory performance. doi: 10.1016/j.actpsy.2014.06.011

51

持續運動能提升腦力？

文／謝承志

許多腦科學的研究顯示，有氧運動可以讓認知功能提升，好處多多！可是想提升認知功能可不是一蹴可幾的，如果只是跟著一窩蜂的風潮去運動，即使認知功能稍微提升了，也只能達到短暫的效果而已。

國立成功大學體育健康與休閒研究所蔡佳良老師率領的研究團隊，在一篇發表於《Psychoneuroendocrinology》的研究中指出，急性有氧運動（acute aerobic exercise，可解釋為「單次性運動」）雖然能讓人在認知功能結果上有顯著的提升，但腦波結果顯示，只有對高體適能者才有助益；換言之，對沒有運動習慣且低體適能者而言，一次性的運動並不會真正對大腦有幫助。

這個實驗找了六十位十九到二十八歲的健康男性為受試者，根據受試者的最大攝氧量（VO2max，測量心肺耐力的指標）區分成高、低運動介入以及控制組；運動介入是進行單次三十分鐘中等強度（60% VO2max）的跑步機運動，另外再用國際身體活動量表（international physical activity questionnaire, IPAQ）評估受試者的運動習慣。

每位受試者，第一次測量最大攝氧量，並將受試者分成三組：高運動介入組（高攝氧量）、低運動介入組（低攝氧量），與控制組（混合高低攝氧量）。第二次進行視覺空間注意力認知作業：畫面中間為凝視點，畫面左右各有一個方形，待凝視點變為向左或向右的箭頭之後，目標物會出現在左邊或右邊的方形裡，受試者須針對目標位置進行按鍵反應。

在進行認知作業之前，受試者會抽血檢測其腦中的蛋白質——腦源性神經營養因子（brain-derived neurotrophic factor, BDNF），再配合腦波儀進行認知測驗，完成後，前兩組受試者進行半小時的急性有氧運動，控制組則在這段時間看雜誌休息，之後再抽一次血檢測其ＢＤＮＦ、認知與腦波測驗。

實驗結果發現，有進行急性有氧運動的兩組人馬，不論其攝氧量高低、認知作業的反應時間都變快了，且ＢＤＮＦ的含量也提升，但看雜誌的控制組則沒有改變，這些結果與急性有氧運動可以提升認知功能的結果一致。然而，認知實驗時的腦波結果顯示，只有在高攝氧量組中看到提升改變，包含代表認知與動作準備的歷程，與可投注的認知資源腦區腦波的差異。令人意外的是，急性運動所引發的血中ＢＤＮＦ濃度及認知能力的提升，並沒有直接的關聯性。

也就是說，急性運動確實可以在行為上看到認知能力提升，但大腦卻沒有這麼輕易地改變，除非是高攝氧量者。而高攝氧量者，相較於低攝氧量者的差異，與運動習慣有很大的關係。

共同參與研究，目前為成大體育健康與休閒研究所助理教授的王駿濠認為，保持有氧運動習慣是重要的關鍵，如果想讓自己有較高的攝氧量，「一般而言，每週至少持續三～五次、每次至少三十～五十分鐘的有氧運動（例如跑步、騎腳踏車、游泳），且達55～90％最大心跳率，是很好的方法！」這個實驗結果告訴我們：唯有從事規律運動，才能達到身心健全的效果！

參考文獻：

- Chia-Liang Tsai, Fu-Chen Chen, Chien-Yu Pan, Chun-Hao Wang, Tsang-Hai Huang, Tzu-Chi Chen. (2014). Impact of acute aerobic exercise and cardiorespiratory fitness on visuospatial attention performance and serum BDNF levels. Psychoneuroendocrinology.

52 到郊外走走會讓人心情變好？

文／蔡宇哲

每到週末假日，台灣各個知名的郊遊景點總是人山人海，還真的落實了「台灣最美的風景就是人」這句話。有些人總是覺得到處都人擠人又何必出門，去百貨公司逛街也很好，有冷氣吹還很方便。

不過，大自然就是有股神奇的魔力，讓人心情更平靜。

史丹佛大學 Gregory Bratman 教授等人想瞭解在不同地區休閒的效果是否有差異，於是找了三十八位住在都會區的人，請他們分別在郊區及都會區散步九十分鐘，然後測量芻思（rumination）的程度，以及利用腦照影技術去觀察大腦狀態的改變。

「芻思」是指腦海裡會不斷地回想以前的不愉快經驗，通常會讓人心情越來越低落，憂鬱症患者就很容易會有此現象。而大腦膝下前額皮質區（subgenual prefrontal cortex）與芻思行為、憂鬱症狀有關，當芻思行為越多時，此區域就越活躍。

研究結果發現：在郊區與都會區散步並不會有心跳、血壓……等生理指標上

的差異，但在大腦膝下前額皮質區的活躍程度就有差了！在郊區散步後此腦區的活動程度較低，而評估參與者的芻思行為也明顯較低。也就是說，到郊外散步跟在都會區散步是有差的，到郊外走一走可以讓人行為跟大腦都呈現比較平靜、不亂想的狀態。

看來放假到郊外去走走是有道理的，別宅在家裡了，這個週末好好地親近一下大自然吧！

參考文獻：

- Nature experience reduces rumination and subgenual prefrontal cortex activation. doi/10.1073/pnas.1510459112.

豐盛的早餐
可以改善肥胖問題？

——飲食篇——

53 睡不飽會讓人更想吃垃圾食物？

文／蔡宇哲

熬夜工作時你是否很容易嘴饞想吃消夜，而腦海中浮現的淨是洋芋片、雞排……等這些高熱量又不營養的垃圾食物呢？研究發現，在缺乏睡眠的情況下，人們吃垃圾食物的慾望會提高，且從大腦活動中也發現，正處於「只管口腹之慾、不理小腹漸凸」的失控狀態。

現代人往往因為工作或娛樂的需求漸增而處於睡眠不足的狀態，甚至三不五時就熬夜不睡，另一個常見問題就是肥胖的情況也越來越嚴重，這兩個問題被發現是有關聯的。先前已有研究發現睡眠不足會讓食慾提升，加州柏克萊大學的沃克教授（Matthew Walker）與其研究團隊則想進一步知道：在睡眠不足的狀態下，除了食慾大增外，想吃的食物是否有所不同，對應腦區的活動是否也會有不同變化。

他們找了二十三個年輕人參與研究，每人皆經歷正常睡眠與整晚沒睡的狀態。整晚沒睡時會在凌晨提供一次點心，以補充因持續清醒而耗損的能量，隔天早上提供早餐後，大約在九點半開始進行實驗。每位參與者都需觀看八十張食物的照片，由低熱量的蔬菜水果類到高熱量的披薩、洋芋片、甜甜圈等都有，同時詢問：「你現在想吃這個食物的程度有多高？」為了加強回答的動機與正確性，在實驗結束後確實會提供受試者最想吃的食物，並以功能性磁振造影記錄他們看到影像時的大腦活動，同時也會評估實驗前後的飢餓感受。

結果發現：參與者無論是有睡飽或是整晚沒睡，在實驗前後的主觀饑餓程度都相同，這表示食慾並不是因為飢餓所造成的。但在整晚沒睡的情況下，會對高熱量食物的慾望明顯提高，且慾望提高的程度也與主觀睏睡度成正比，越睏的話提高越多，不過對低熱量食物的興趣則差不多。在大腦活動上，一夜沒睡後，關於食物評價與自我管控的相關腦區——前額葉與腦島（insula）的活動都降低了，但深層腦區中與情緒相關的杏仁核（Amygdala）活動卻增強，意味著此時對於食慾的情緒大幅增強，但理性控管卻反而降低，這解釋了為何一般人熬夜後常會受不了誘惑，而吃了平常克制不吃的食物。此外也提醒那些想減重節食的人們一個重要的觀念：睡眠對於減重來說很重要，並不是睡飽就可以讓人瘦，而是沒睡飽會讓人難以克制食慾而變胖。

參考文獻：

● The impact of sleep deprivation on food desire in the human brain. doi:10.1038/ncomms3259

54 吃糖會變笨嗎？

文／謝伯讓

糖吃太多會不會變笨？為了解答這個問題，加州大學洛杉磯分校（UCLA）的科學家讓老鼠喝高果糖水、然後吃缺乏omega-3脂肪酸的食物，結果發現，老鼠在迷宮表現上明顯變差。

在此實驗中，老鼠喝的水是高果糖水或普通水，飼料是含有omega-3脂肪酸或缺乏omega-3脂肪酸，所以是（2×2=4）四組老鼠。

然後出現了以下繞口令般的結果：

喝普通水、又有吃omega-3脂肪酸的老鼠，迷宮表現正常。

喝普通水、但缺乏omega-3脂肪酸的老鼠，迷宮表現變差。

喝高糖水、又缺乏omega-3脂肪酸的老鼠，迷宮表現最差。

喝高糖水、但有吃omega-3脂肪酸的老鼠，迷宮表現介於上面兩組之間。

以上依序是四組，若把最後兩組和最前兩組相比較，可見到糖水單獨造成的傷害。若比較最後兩組之間的差異，可見吃omega-3脂肪酸可以稍微補救喝太多糖水所造成的傷害。

但是，為什麼喝糖水會變笨呢？這是因為會造成胰島素抵抗現象！

一般來說，當血液中的葡萄糖濃度過高時，身體就必須分泌大量胰島素來把葡萄糖運送至肝臟、脂肪和肌肉細胞中。在長期血糖過高的情況下，身體中胰島素可能就會長期過量，並出現胰島素抵抗現象（也就是說，細胞對胰島素不再敏感，就跟吸毒最後得越吸越多才有感覺一樣）。同樣的，果糖吃太多，也會造成胰島素抵抗（但機制仍不明朗）。

胰島素剛好跟學習與記憶也有關係，胰島素和記憶的關聯是最近才找到的。例如，在記憶力退化的阿茲海默症病人腦中，胰島素和受體數量都比正常人少很多。而且，一般人在吸入胰島素後，記憶能力也會馬上增強！

總而言之，糖吃太多會導致身體出現胰島素抵抗現象，而當海馬迴（腦中與記憶有關的區域）中的細胞也產生胰島素抵抗現象時，就無法再正常學習記憶，下場就是變笨。

在飲食中補充omega-3脂肪酸，可以稍微補救喝太多糖水所造成的傷害（但無法完全彌補）。所以，還是別吃太多甜食，尤其是用高果糖漿調味的垃圾甜食，如果一定要吃的話，記得補充omega-3（如魚油和堅果）喔！

參考文獻：

- Agrawal R, Gomez-Pinilla F. (2012). 'Metabolic syndrome' in the brain: deficiency in omega-3 fatty acid exacerbates dysfunctions in insulin receptor signalling and cognition. J Physiol. 590(Pt 10): 2485-99.
- Benedict C, Hallschmid M, Hatke A, Schultes B, Fehm HL, Born J, Kern W. (November 2004). "Intranasal insulin improves memory in humans". Psychoneuroendocrinology 29 (10): 1326–34.

55 豐盛的早餐可以改善肥胖問題？

文／楊鼎宇

俗話說「早餐吃得像皇帝、午餐吃得像平民、晚餐吃得像乞丐」，究竟早餐吃得豐盛對減肥有沒有效呢？贊成與反對方各有研究支持，但更仔細一點來說，要利用早餐減肥是有條件限制的。

艾爾莎-科羅納-費森尤斯營養醫學中心（Else-Kröner-Fresenius Center of Nutritional Medicine）的Volker Schusdziarra博士記錄了三八〇位參與者，觀察他們每天的飲食狀況。結果發現不管早餐怎麼吃，都不會影響到午晚餐的進食量。儘管早餐吃得少的人有時會額外食用點心，但還是不及豐盛早餐提供的熱量。因此，豐盛的早餐只會增加當日的熱量攝取總量。

那如果限制一天內的食物總攝取量，單就各餐之間的比例做調整，結果又會如何呢？

沃夫森醫學中心的科學家們認為，人體的生理時鐘影響著代謝，適當的進食時間管理可以控制肥胖、促進健康。他們將九十三位肥胖婦女隨機分配到兩組等熱量的組別，為期十二週，每天飲食共攝取一四〇〇卡路里，大早餐組安排七〇〇卡路

里的早餐、五〇〇卡路里的午餐、二〇〇卡路里的晚餐；小早餐組則早晚餐分量調換。結果顯示，大早餐組的受測者腰圍平均減少三吋、體重下降十七．八磅，相比於體重下降七．三磅和腰圍減少1.4吋的小早餐組，有顯著差別。

除了減肥效果較明顯外，大早餐組的成員其體內胰島素、葡萄糖和三酸甘油酯濃度也顯著較低，在飯後也不會出現血糖高峰（血糖高峰會增加發生高血壓和心臟相關疾病的風險）。有意思的是，那些大早餐組參與者體內調節飢餓的飢餓素（Ghrelin）也顯著較低，這表示他們比起小早餐組更飽足，在早餐後進食點心的機會也更低。

由上述兩組實驗比對可發現，在有熱量管控的前提下，早餐吃得較豐盛的人，在饑餓的調節、血糖、胰島素、三酸甘油酯的水平方面都有較好的表現，這種方式不僅心血管疾病發生風險降低，也能更快速瘦身。但要記得，是在有「熱量控管」的條件下喔！做好飲食控制，早餐吃得相對豐盛一點，才能活得健康又美麗。

參考文獻：

- 一頓豐盛的早餐可能會讓你變得更胖。
  http://nutrinote.blogspot.tw/2011/01/blog-post_20.html
- High Caloric intake at breakfast vs. dinner differentially influences weight loss of overweight and obese women. http://dx.doi.org/10.1002/oby.20460

56 含糖飲料喝多了，容易讓女生性早熟？

文／配囧菜

哈佛醫學大學的副教授凱琳・米歐爾主持了一項研究，在一九九六至二〇〇一年間，研究團隊追蹤了五五八三位年齡介於九至十四歲的少女後發現，平均每天喝下一・五杯以上含糖飲料的少女，比一週消費兩杯飲料以下的少女，月經初潮會提早二・七個月到來。而且這項結果，並不受少女們的身體質量指數（BMI）、身高、食物攝取總量、以及一些像是運動習慣的生活方式影響。

凱琳・米歐爾博士說：「不論在美國或其他地區的大人、小孩，普遍都很擔心含糖飲料造成兒童肥胖。但是我們的研究顯示，雖然原因未明，在越常購買含糖飲量的高消費族群，女孩月經初潮易有提早的現象。」

這項發現之所以重要，不只是因為已開發國家兒童肥胖的問題日益嚴重，同時初經越早報到，也意味著往後得到乳癌的風險越大。

這篇論文指出：初經來潮年齡每下降一年，日後得到乳癌的風險就增加5％。因此，平均二・七個月的初潮提早來臨，使得乳癌的風險大增。在研究中最高量的消費族群大約是一天購買一・五杯飲料的少女，初潮比預想更有可能的其他消費程

度族群還更明顯地早。更重要的是，因為含糖飲料的消費習慣是可以改變的，所以它對初潮年齡、乳癌風險的影響都不該小覷。

這些少女原本是參與哈佛的現代成長研究（Growing up Today Study）的研究參與者，也就是第二次護士健康研究（Nurses' Health Study II）裡，總共一六八七五位來自美國各州的兒童。一開始並沒有人有初經提早的現象，但是研究結束之後發現3%（一五九人）的小朋友有初經提早現象。研究人員回頭檢視曾定期以問卷調查這些女孩的一些飲食習慣，包括她們對不同飲品的平均飲用頻率，諸如：一杯汽水、一杯非碳酸飲料或是一杯含糖冰茶飲。這些飲品都有添加不同形式的糖，像是蔗糖、葡萄糖或是玉米糖漿等，而可樂及冰茶則多了一些咖啡因。研究者調查健怡可樂和果汁，則是為了評估人工添加或是自然甜味的飲品是否有不同影響。

健怡可樂和果汁的攝取對於初經提早的女孩沒有什麼明顯影響（也就是甘味天然與否不影響）。然而有24%，十八．五至十九歲間平均每天喝下一．五杯以上含糖飲料的少女，月經初潮會比一週消費兩杯飲料以下的少女，還要提早一個月。這個數據有考量到出生時體重、運動習慣、種族、身高、和家裡一起吃晚餐的頻率，還有家庭組成（也就是有無父親或是繼父）。相較於飲料購買量較少的少女初潮大約在十三歲，時常購買飲料的她們，月經初潮大約在十二．八歲就來了。

當研究人員再放入BMI值調整結果，含糖飲料對於初潮年齡的影響還是十分顯著：比起其他消費量少的女孩，最多消費的女孩們有22%更高的機率，初經來潮

提早一個月。

研究人員說，這些人工添糖的飲料相較自然甘味的飲料，有更高的升糖指數（glycemic index）；而高升糖指數會刺激體內胰島素濃度的快速升高，使得雌性荷爾蒙的濃度間接增加，而雌性荷爾蒙的大量變動則會影響月經提早報到，更多的咖啡因攝取亦會影響月經提早到來。不過以汽水組來看，並不影響咖啡因與糖分的總攝取量，頂多只能說它們會造成較高的ＢＭＩ值，而不是主要的調控因素。

米歐爾副教授做出一個結論：「我們的發現告訴大家，為了健康著想，還是少喝含糖飲料吧！」

參考文獻：

- Sugary drinks linked to earlier onset of menstrual periods. [Science Daily. Jan. 27, 2015]
- story edited form Oxford University Press (OUP)
- J.L. Carwile et al. Sugar-sweetened beverage consumption and age at menarche in a prospective study of US girls. Human Reproduction, 2015 DOI:10.1093/humrep/deu349

57 攝取反式脂肪容易讓人暴怒？

文／**蔣維倫**

在國際貿易的時代，食品的保存期限往往是海外市場規模的決定因素之一。植物油等不飽和脂肪酸比例較高的油品，由於容易變質，所以難以熬過長程的海運，但在二十世紀初期，化學家開發了氫化油脂的技術，有效地減少帶有雙鍵的脂肪酸，大幅提高相關的食品的保存期限，從此開啟了人造奶油等食物的時代。

但我們吃了幾十年的人造奶油後，科學家漸漸地認為這類加工後的油品內含的反式脂肪會對我們的身心造成不良的影響。二〇一二年，聖地牙哥加利福尼亞大學的 Beatrice A. Golomb 學者在《PLoS One》期刊上發表了一篇研究指出，反式脂肪（Trans Fat）可能會影響人類控制情緒的能力，進而令人感到煩躁，甚至表現出侵略性。作者在一九九九年至二〇〇四年長達五年的期間，利用量表追蹤九四五名成年男、女性，評估他們的急躁、易怒以及侵略性。五年下來，調查的結果發現，在飲食中攝取較多的反式脂肪的人，所表現出的侵略性更高！不過是反式脂肪吃多了而已，有那麼誇張嗎？

攝取反式脂肪可能副作用：易怒、猜疑或憤恨不平

早在一九八二年時就有食品學家利用大鼠進行研究，發現反式脂肪會抑制身體合成必須的不飽和脂肪酸Omega-3 fatty acid（ω-3 fatty acids）。然而同時間病毒學家嘗試使用干擾素（interferon-alpha, IFN-α）治療病毒性疾病（如：B、C型肝炎以及愛滋病）時，驚訝地發現了一個奇怪的副作用：許多病人抱怨接受治療後，會比平常更容易生氣，對人、事、物更有敵意！也因此讓科學界了解到，身體內特定的蛋白質（如：IFN-α；tumor necrosis factor-α, TNF-α等）濃度如果飆高，會影響大腦的運作，讓人容易感到勃然大怒、憤恨不平！

而連結了反式脂肪與情緒的關聯，則是在二〇一三年時美國匹茲堡大學的Francis E. Lotrich醫師發表了一篇研究，研究認為體內的Omega-3 fatty acid濃度過低，會導致TNF-α濃度升高，進而引人感到憤怒、充滿敵意！此篇同時解釋了為什麼攝取較多的反式脂肪容易令人惱羞成怒、火冒三丈了！

日前美國食品藥物管理局（Food and Drug Administration, FDA）公佈了一則消息，內文大致上說明反式脂肪對人體的危害，由於越來越多的研究證據顯示，反式脂肪可能會導致心血管、腦中風等疾病，因此預計將在三年內禁止食品中添加人造的反式脂肪（部分氫化油脂，partially hydrogenated oils, PHOs）。

而在台灣的主管機關方面，我國食品藥物管理署雖然仍採保留觀望的態度，但

為了維護國人的健康，強制要求食品皆需標示反式脂肪的含量（尚未強行禁止人工添加反式脂肪）。

如果你是經常外食的人，也許可以依照美國ＦＤＡ的建議：「當外食時，記得要向廚師詢問他們所使用的油，但如果真的不行，那就去用油少的餐廳吧！」

參考文獻

- “Trans Fat Consumption and Aggression" PLoS ONE, 2012, 7. DOI: 10.1371/journal.pone.0032175
- Anger experiences among hepatitis C patients: relationship to depressive symptoms and health-related quality of life. Psychosomat. 2007; 48(3):223–9.
- Psychiatric side effects of pegylated interferon alfa-2b as compared to conventional interferon alfa-2b in patients with chronic hepatitis C. World J Gastroenterol. 2005; 11(12):1769–74.
- The relation of aggression, hostility, and anger to lipopolysaccharide-stiumlated tumor necrosis factor (TNF)-a by blood monocytes from normal men. Br Behav Immun. 2002; 16:675–84.
- “Interrelationship between dietarytrans fatty acids and the 6- and 9-desaturases in the rat" Lipids, 1982, 17, 27-34

- "Anger induced by interferon-alpha is moderated by ratio of arachidonic acid to omega-3 fatty acids" Journal of Psychosomatic Research 75 (2013) 475–483
- 美國食品藥物管理局官網：
  http://www.fda.gov/ForConsumers/ConsumerUpdates/ucm372915.htm
- 中華民國食品藥物管理署官網：
  http://www.fda.gov.tw/TC/newsContent.aspx?id=13730&chk=63099d50-6363-4426-a429-bdf03d17c24f#.VYZkIU-qqko

58 攝取高纖食物讓人不易過敏？

文／李秋容

近年來食物過敏的案例節節高升，成因更是百百種數不完。現在有最新的研究顯示：食物纖維可能和食物過敏的成因有關。

澳洲莫納什大學（Monash University）的免疫學家查爾斯・麥凱（Charles Mackay）表示：「人體內的腸道菌會以酵素分解食物纖維，在分解過程中會產生一種物質，可防止人體對食物產生過敏反應。」

目前相關的研究大多都以小鼠為實驗對象，結果顯示飲食因素不太可能是造成過敏率暴衝的關鍵解答。研究人員認為，如果以人類為對象的研究結果也相同的話，「促進腸道益菌的生長」或許是個預防方法，甚至有可能逆轉過敏。

醫學之謎

根據非營利組織「食物過敏研究及教育」（Food Allergy Research & Education）的統計，目前有一千五百萬以上的美國人有食物過敏，其中有約九成患者對八種食

物（花生、堅果、小麥、大豆、蛋、牛奶、水母和魚類）的其中一種過敏。

目前還不清楚為何食物會造成過敏，但有可能是因為這些食物在到達腸道時，大多還維持未消化的狀態，這些未消化的化合物從腸道進入了血管，在血管中被抗體或免疫細胞辨識為外來的侵入者。美國芝加哥大學的食物過敏研究人員凱瑟琳・納格勒（Cathryn Nagler）表示：「我們想知道的是，食物完好地進入血管是否是食物過敏的統一特徵。」

免疫反應

麥凱和納格勒相信，現代西方飲食影響了腸道菌分解纖維的過程。納格勒表示：「現代飲食中富含糖、脂肪和精製碳水化合物，刺激了不同種類的腸道菌生長，使負責分解纖維的腸道菌數量變少。」

纖維可以促進梭狀芽胞桿菌（Clostridia）的生長，此菌能分解纖維並產生短鏈脂肪酸。在二〇一一年《自然》發表的研究中，研究人員發現短鏈脂肪酸可防止腸道細胞過於通透，而使食物殘渣、細菌或化合物進入血管。在二〇一四年《美國國家科學院院刊》發表的研究中，納格勒和同事將梭狀芽胞桿菌植入小鼠對過敏原（花生）敏感的腸道中，發現此舉可預防小鼠對花生過敏。

其他環境因素也可能和低纖維飲食結合導致過敏發生，當抗生素（廣泛用於農

業和治療嬰幼兒耳部感染，也可以殺死腸道菌）和低纖維飲食結合時會形成雙重夾擊，使人體容易產生過敏反應。

最新發現顯示有方法可以預防、甚至逆轉某些過敏反應。《過敏與臨床免疫學》期刊的一篇研究顯示，對花生過敏的兒童接受益生菌治療後，能夠食用花生而不引發任何過敏反應，在治療結束後也能持續對花生產生耐受性。

約翰霍普金斯兒童中心的兒科過敏和免疫學主任羅伯特·伍德（Robert Wood）表示：「過敏並非全都和纖維相關，而是在廣大的案例中發現了一小部分證據，能夠支持其中與纖維有關的論證。」

多年來醫生都建議高風險過敏群孩子的父母，等到孩子三歲後再讓他們食用花生或可能導致過敏的食物。但伍德認為這個建議可能大錯特錯，事實上一個最新的研究發現，年幼時期開始頻繁的餵食孩童花生，反而能大幅減少他們對花生過敏的機率。

參考文獻：

- High-Fiber Diet May Help Prevent Allergies. livescience[March 05, 2015]
- Stefka, A. T., Feehley, T., Tripathi, P., Qiu, J., McCoy, K., Mazmanian, S. K., … & Nagler, C. R. (2014). Commensal bacteria protect against food allergen sensitization.Proceedings of the National Academy of Sciences, 111(36), 13145-13150.

- Tang, M. L., Ponsonby, A. L., Orsini, F., Tey, D., Robinson, M., Su, E. L., … & Donath, S. (2015). Administration of a probiotic with peanut oral immunotherapy: A randomized trial.Journal of Allergy and Clinical Immunology.

59 精神不濟時容易亂買高熱量食物？

文／蔡宇哲

在睡眠不足的情況下，許多認知功能都會受損，當然也包含了決策能力。這不只是讓你工作上出現失誤而已，還可能會造成「腰帶漸寬終不知」的後果。研究發現，在缺乏睡眠的狀態下，會不自覺地選擇購買過多、總熱量也較高的食物。

任職於瑞典烏普薩拉大學的班迪・克特（Christian Benedict）教授對於睡眠與肥胖之間的關係很感興趣，先前他的研究團隊已發現當人們處於整晚沒睡的狀態下，看到食物影像時大腦右側前扣帶回皮質（anterior cingulate cortex）的活動會較活躍，此腦區被認為與對食物的感受有關。大腦對食物的反應強烈，反應在行為上就可能會購買甚至吃下更多的食物！因此班迪・克特教授就進行了另一個研究，來瞭解在睡眠不足的狀況下是否會不自覺地影響到購買食物的決策。

他們邀請了十四位正常體重的男性，分別經歷正常睡眠與整晚沒睡的情境，接著參與一個「虛擬購物」的測試。在這個測試中，他們必須花光固定額度的金錢（約五十美金），來一次性地購買往後幾天的存糧。共有四十項食物可供選購，當中有二十項是高熱量、二十項是低熱量食物，而無論是高低熱量，即食類與需烹調類的數量是相等的。

結果發現：在相同的預算底下，整晚沒睡後會購買更多也更高熱量的食物。與正常睡眠時相較，缺乏睡眠時會購買超過18％的食物（以公克計），且食物的總熱量也較高約一成。同時發現，整晚沒睡後血液中飢餓素（ghrelin）的濃度也提高了，不過這濃度並未與購買食物多寡及熱量相關，顯示睡眠不足時買了更多也更高熱量的食物可能並不是因為飢餓，而單純是大腦決策上想囤積更多食物。

這個研究是還有不足、需更進一步探討的部分，首先他只找了男性參與者，並無法推論到女性的行為。另研究中是透過虛擬購物的方式進行，這可能跟實際在超級市場購買有點不同。

就自然界的生物而言，無法擁有充足睡眠時多半是因為面臨敵人，此時吃下更多食物或是儲備更多糧食是為了能夠度過危險情境。但現今社會中的人們就被這保護機制給害慘了，因為人類的敵人只剩下自己，以及他所製造出來的慾望，而食物正是最可怕的慾望之一。

參考文獻：

- Acute sleep deprivation increases food purchasing in men. DOI: 10.1002/oby.20579

毛小孩如何激發人類的愛？

——動物篇——

60 大貓熊一直是吃素的嗎？

文／葉綠舒

大貓熊（*Ailuropoda melanoleuca*）吃竹子，但是牠並不是從一開始就是吃素的。大貓熊的口腔解剖構造（有力的上下顎與牙齒）以及短短的腸道長度，都說明了牠本來是吃肉的；其他的熊也都是吃肉的動物。那麼，大貓熊是怎麼轉葷為素的？要轉葷為素並不是那麼容易的事，雖然有力的上下顎與牙齒同樣可以用來吃草，但是葷食轉素食還有一個難關：口味。

看過《歷險小恐龍》（The Land Before Time）續集的朋友，一定記得有個角色Chomper，牠是一隻暴龍。每次Chomper吃到草的時候，都會很誇張地吐出來。草真的這麼難吃嗎？

大家吃菜的時候，如果有認真比較過，應該會發現青菜通常少了肉的鮮味（umami）。鮮味來自於食物中解離出的胺基酸，由於肉類食品原本就含有大量的蛋白質，解離出來的胺基酸也較多，因此肉類食品的鮮味也比蔬菜要濃重。這也就是為何味素可以為食物添加鮮味，因為味素本身就是胺基酸（谷胺酸）。

除了胺基酸以外，核苷酸也是鮮味的來源。因為我們可以感受鮮味，所以轉葷為素的一開始總是百般不習慣，尤其是吃慣了大魚大肉的人，有些甚至完全不肯茹素。

那麼，大貓熊是如何轉葷為素的？究竟什麼原因讓牠不再吃肉已不可考，但化石證據發現，大貓熊大約在七百萬年前開始嘗試吃竹子，在二〇〇～二四〇萬年前牠開始了99％的食物都是竹子的生涯。

吃過竹筍一定知道竹筍比蔬菜還清淡，為什麼大貓熊會開始啃竹子？我在二〇一〇年的《分子生物學演化期刊》（Mol. Biol. Evol.）找到了解答。

原來大貓熊在演化的過程中，牠感應鮮味的接受器基因之一 *Tas1r1* 發生了突變，造成這個基因完全無法產生有功能的蛋白質，於是大貓熊就不再能品嚐鮮味了。這個突變正好發生在牠轉換主食的過程中（大約四二〇萬年前），加上多巴胺合成也出了問題，造成食慾獎勵機制也無法正確回饋，於是大貓熊就不再在乎有沒有鮮味了，反正吃起來都一樣。

大貓熊轉葷為素的第一個關鍵，就是失去了感應鮮味的能力。但是，食不知味也未必就要改行吃素啊？我們感冒的時候，偶爾也會食不知味，但也不見得就會改吃素。這是第一個疑點。

另一個疑點是，大貓熊失去感應鮮味的能力，大約發生在420萬年前；但是牠在大約七〇〇萬年前就開始嘗試吃竹子，而且還吃不少。而直到二〇〇～

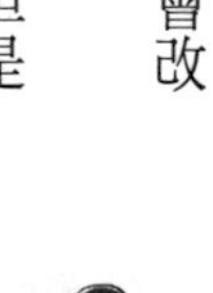

二四〇萬年前，大貓熊才開始幾乎只吃竹子。所以，大約有三八〇萬年的時間，大貓熊還是吃得出鮮味的；而在失去嚐出鮮味的能力之後，也還有快兩百萬年的時間，牠並不光吃竹子。

貓熊吃竹子會開心嗎？

到底發生什麼事呢？科學家想到，我們有所謂的食慾獎勵機制（appetite-reward circuitry），主要是有賴於類鴉片（opioid）與多巴胺（dopamine）來啟動，是否大貓熊的食慾獎勵機制出了問題？

中國與日本科學家所組成的研究團隊，因此展開了一場「找基因」的研究。由於大貓熊的基因已經在二〇一〇年定序完成，因此經過序列比對，研究團隊找到了六個與多巴胺代謝有關的基因。深入研究這六個基因之後發現，其中一個，簡稱為COMT（catechol-o-methyltransferase），在大貓熊中竟然有突變！

COMT與多巴胺的分解有關，負責將DOPAC（3,4-dihydroxyphenyl-acetic acid）分解為HVA（homovanillic acid）。研究團隊發現的突變，使得大貓熊的COMT少了四個胺基酸，也造成第四個α螺旋（α4 helix）消失。由於第四個α螺旋需要跟位於另外兩處的兩個胺基酸共同與COMT的受質SAM（S-adenosyl-L-methionine）接觸，少掉了這個螺旋，對COMT本身的酵素活性影響應該很大。

而進一步分析ＣＯＭＴ以及其他與多巴胺分解相關的基因又發現，ＣＯＭＴ基因的表現量可能不高，因為它的轉譯（translation）信號頗弱。轉譯信號（Kozak motif）位於基因的第一個密碼的周圍，是提供給核糖體辨認的信號；如果一個基因的轉譯信號弱，就代表能被轉譯出來（產生蛋白質）的機會較低。加上ＣＯＭＴ基因裡面有微小ＲＮＡ（microRNA）的辨認序列，會使得ＣＯＭＴ的信息ＲＮＡ（mRNA）被分解得更快。因此，研究團隊認為，所有這些證據指向：ＣＯＭＴ在大貓熊體內表現量偏低。

由於ＣＯＭＴ主要功能是分解多巴胺，ＣＯＭＴ基因缺損與表現量偏低應該會造成多巴胺濃度上升。但是，多巴胺濃度上升究竟會造成食慾變好或是變壞？ＣＯＭＴ基因缺損的小鼠，食慾是變得更好而不是變得更差；人類的ＣＯＭＴ缺損產生的症狀則相當複雜。無論如何，應該要進一步檢驗大貓熊的體內的多巴胺濃度才是。

所以，究竟大貓熊為何轉葷為素呢？這些研究結果，包括失去感應鮮味的能力以及多巴胺代謝障礙，都只能回答一小部分的問題；或許竹子裡面有可以提高多巴胺的化合物、或許當地曾發生氣候變遷，造成在一段時間中，大貓熊只能吃竹子，這些問題都需要更進一步的研究去協助解答。

參考文獻

- Jianzhi Zhang et. al. 2010. Pseudogenization of the Umami Taste Receptor Gene Tas1r1 in the Giant Panda Coincided with its Dietary Switch to Bamboo. Mol. Biol. Evol. 27(12):2669-2673.
- Jin K, Xue C, Wu X, Qian J, Zhu Y, et al. (2011) Why Does the Giant Panda Eat Bamboo? A Comparative Analysis of Appetite-Reward-Related Genes among Mammals. PLoS ONE 6(7): e22602.

61 猩猩為什麼要吃土？

文／葉綠舒

從烏干達的首都坎帕拉（Kampala）到默奇森瀑布國家公園（Murchison Falls National Park）的路上，會經過 Budongo 森林。這片森林裡，過去有許多桃花心木，也居住著許多猩猩。這些猩猩，過去食物中八成是水果與樹葉，其他兩成是花、樹皮、昆蟲與肉。

最近這些年，這些猩猩們開始吃土、喝泥水，以及用嚼爛了的鐵莧菜屬（Acalypha）植物沾泥水放在嘴裡吸。而且，牠們並不是什麼土都吃的。猩猩們特別會去吃某一棵大樹下的土，那裡的土質與大部分 Budongo 森林的土質不同。大部分 Budongo 森林的土是紅棕色的，而那株大樹下的土顏色比較淺而帶灰色。同時，牠們喝的泥水也是來自於同樣土壤。

於是有一些科學家們就開始對猩猩吃土這件事感到好奇了。猩猩當然不是錢花光了才吃土，如果是那樣，牠們吃土會有個週期。事實上，猩猩在二〇〇五年之前並不常吃土。二〇〇五年以後，吃土的猩猩慢慢多了起來；到二〇一二年以後，猩猩吃土變成了一種常態。

在這些年，猩猩的飲食有什麼變化呢？比對以前的紀錄，研究團隊發現，之前猩猩常吃的一種棕櫚樹（*Raphia farinifera*）不見了，原來是附近的菸草農夫把棕櫚樹給砍去捆菸草了。原本猩猩會吃腐爛中的棕櫚，但這些年都吃不到了；而就在差不多這時候，猩猩們開始吃土、喝泥水。

所以，是否腐爛的棕櫚枝葉提供了什麼養分呢？還有，那些土裡面，是否提供了什麼猩猩需要的養分呢？最後，腐爛的棕櫚枝葉中所提供的養分，是否與土裡面的養分是相同的呢？

於是，研究團隊收集了猩猩愛吃的黏土、用鐵莧菜屬植物沾泥水的土、以及森林中的其他土壤；黏土坑裡的泥水、其他土坑裡的泥水、河水來比較它們之間的養分是否不同。除此之外，由於猩猩也會吃白蟻巢穴的土，所以他們也收集了白蟻巢穴的土。

吃土的學問

比較的結果發現，最有營養的土應該首推用鐵莧菜屬植物沾泥水的土，含有高量的鉀、磷、鈣、鐵、錳、鎂；另外，白蟻巢穴的土也不遑多讓，除了鈉離子極低以外，其他金屬離子的含量都很高，尤其鐵與鋁的含量竟達一般土壤的十倍以上。至於猩猩愛吃的黏土，則呈現鈉離子極低而鋁離子很高的現象，代表這些

黏土可能是高嶺土。這些土的礦物質含量都高過森林中其他地區的土。而泡過黏土的水，礦物質的含量也高過泡過森林中其他泥土的水，當然也比河水的礦物質含量高出許多。

分析的結果，猩猩們吃最多的黏土，礦物質含量雖然比一般的土高，但也不是那麼的「營養豐富」；至少與沾過鐵莧菜屬植物的土、以及白蟻巢穴的土差多了。那麼，為什麼還要吃土呢？研究團隊認為，猩猩們吃那些黏土，可能是為了口感。

研究團隊記錄了一百一十次猩猩拿嚼過的植物沾泥水吸，其中有七十八次都是用鐵莧菜屬的植物，意味著猩猩在吸水用的植物種類的選擇上，是刻意的。用鐵莧菜屬植物來沾泥水的好處在哪裡呢？或許是因為這類植物所含的縮合單寧（condensed tannin）可以有助於黏土中所含的鐵被釋放出來。這一帶的猩猩有時會捕獵疣猴（colobus monkey），藉由吃疣猴肉來取得鈉與鐵。或許吸食用鐵莧菜屬植物沾取的泥水，做為補鐵妙方，可以讓猩猩們不需要這麼頻繁地去捕獵疣猴。

除了補充鐵質以外，吃黏土也有解毒的功效。由於這些黏土的成分可能就是高嶺土，而高嶺土可以吸附許多毒素。猩猩日常吃許多樹葉與果實，難免也會吃到一些不太好的東西、有毒的成分，這時候，吃點黏土就可以幫忙解毒囉！

猩猩不是當地唯一會吃土的動物。當地的婦女在胃不舒服或懷孕時，也會吃黏

土；疣猴也會吃黏土，甚至會喝自己的尿來把排泄出去的鈉再吸收回來。

所以，猩猩吃土可不是因為月底了，而是為了補充養分喔！

參考文獻：

● Vernon Reynolds et. al., 2015. Mineral Acquisition from Clay by Budongo Forest Chimpanzees. PLOS ONE. DOI: 10.1371/journal.pone.0134075

62

為什麼蚊子喜歡叮穿深色衣服的人？

文／葉綠舒

嗡嗡嗡，嗡嗡嗡……我們都有被蚊子叮咬的經驗，也都聽過各種有關蚊子咬人的傳說，例如體質的酸鹼度、吃素與否等等，到底蚊子是根據什麼條件來鎖定目標的呢？最近美國加州理工學院（California Institute of Technology）的研究團隊發現，對蚊子來說，遠距離的時候二氧化碳最重要，但是等到距離拉近以後，溫度、氣味以及視覺也對蚊子選擇目標有很重大的影響。

研究團隊使用了風洞（wind tunnel，是一種產生人造氣流的管道，通常是空氣動力學當中的研究工具），並針對二氧化碳、溫度、氣味以及視覺這些因素進行詳細的測試後發現，如果十公尺以上的遠距離，蚊子主要是依靠二氧化碳作為主要追蹤的目標。

當蚊子發現了二氧化碳，牠便會開始往上風處追蹤二氧化碳的濃度；追蹤片刻後若二氧化碳忽然變少或消失，蚊子便會開始以Z字形飛行，試圖找回二氧化碳的蹤跡。當蚊子往上風飛行，追蹤著二氧化碳的痕跡時，路途上若出現了高對比的物體（黑點）時，蚊子便會降落在這個黑點上，即使黑點附近的二氧化碳濃

度並不高。

除此之外，蚊子可以感應到溫度。研究團隊發現，在沒有二氧化碳痕跡的狀況下，蚊子還是會主動接近攝氏37度的物體，對溫度的感應可以遠到二十公分，不過大致上還是在二～三公分內最明顯；但如果加上水蒸氣（模仿流汗後汗液蒸發的狀況），蚊子對溫度的反應範圍可以擴大到六～八公分。

將二氧化碳、熱、水蒸氣、顏色分開研究，能幫助我們了解是什麼吸引了蚊子飛來；但是人類並不會只單純發散其中一種因子。我們會呼吸（二氧化碳）、有體溫（發熱）、也會流汗（水蒸氣）。因此，研究團隊也想知道，究竟距離多遠蚊子還可以偵測人的手臂發散出來的綜合信號？

結果發現，雖然在十～十五公分以外，人手臂所發散出來的熱，已經產生不了明顯的差別（大約相差攝氏0.2度，為蚊子對溫度的偵測極限）；但是結合其他的信號，蚊子還是可以在三十～五十公分的距離之外發現「遠方有手臂」！這是在有氣流的狀態，若是在室內無風的狀態下，蚊子應該可以在更遠的距離就發現手臂的存在。

也就是說，在遠距離時，蚊子主要是依靠發現二氧化碳的痕跡來找尋可能的目標；當牠循上風越飛越近以後，溫度（體熱）、水蒸氣（汗液蒸發）以及視覺的刺激（穿的衣服或是生物的毛皮顏色）便成為辨別目標物的主要條件。

所以，該怎麼避免被蚊子咬呢？

從這篇研究看來，建議避免穿深色衣物，如果剛運動完，因為身體溫度較高，加上呼吸急促（發散較多的二氧化碳）而且還流汗，可能要避免待在有蚊子的地方。如果以上這些建議都沒用，還是認真躲蚊子、使用防蚊用品，以及多準備止癢藥膏吧！

參考文獻：

- van Breugel et al., Mosquitoes Use Vision to Associate Odor Plumes with Thermal Targets, Current Biology (2015), http://dx.doi.org/10.1016/j.cub.2015.06.046

63 毛小孩如何激發人類的愛？

文／洪群甯

「喂～寶貝有沒有乖乖呀，有按時吃飯飯嗎？」老爸在電話那一端這麼詢問著。許多人會把狗狗視為小孩來愛，甚至是看著牠們對話，這不單單只是行為上的表現，日本的一篇研究指出，這背後與大腦中所分泌的催產素有關。麻布大學動物行為專家菊水建史與其研究團隊，特別深入分析飼主與毛小孩的互動對看，發現其腦中的反應跟媽媽與小孩互動時類似。

眼神對看中的愛

菊水建史的研究之一為催產素（Oxytocin），這種激素與人類愛的表現、信任、連結及利他相關。先前團隊的研究發現，當媽媽看著嬰兒的眼睛時，寶寶體內的催產素上升，同時會促使小孩將眼神回看；寶寶的回看又會使得媽媽的催產素也上升，一來一往當中形成了正向迴路，母子便會產生強烈的情緒連結。

上述的迴路是否也能推到飼主與毛小孩間呢？

這是身為十五年資深毛小孩家長菊水教授的疑問！他與團隊說服了三十位朋友與鄰居，帶著他們的毛小孩前來實驗室，當中不僅僅只有小狗，竟然還有人帶著狼來。當飼主來到實驗室，研究團隊會先蒐集飼主與毛小孩的尿液樣本，並請他們互動三十分鐘；在互動中，飼主多會摸摸自己的寵物跟牠們對話，也會有眼神對看的情況發生，少則幾秒鐘多則數分鐘（其中狼並沒有花太多時間在跟飼主對看）。

三十分鐘後團隊會再蒐集一次尿液，用來檢測眼神對看前後體內催產素的改變；結果發現對看這個動作竟然會產生很大的影響，不論是公狗或母狗在與主人對看後，體內所測出的催產素提升了130％，對於男性或女性飼主來說，則提升高達300％；反之，那些幾乎沒有對看的組別（譬如狼），體內的催產素就沒有太大的變化。

真的是催產素造成的？

為了進一步確認催產素就是促進對看的關鍵，菊水教授做了第二個研究，這次團隊重複實驗流程，唯一不同的是將催產素當作介入變項。他們將狗狗分做兩組，一組給予鼻噴霧催產素，一組則僅給予噴霧鹽水當安慰劑，接著觀察給予催產素後，狗狗是否就會產生更多的眼神對看。

結果發現，有給予鼻噴式催產素的母狗，比起沒給予的組別，會多花上150％的

時間與飼主對看。反之，給予催產素的公狗，與僅給予安慰劑的狗則無類似情況發生。這些結果意味著人狗互動，其實與媽媽嬰兒互動時的催產素迴路非常相似。為何人與狗會如此的親近，或許催產素的參與便是一個說明，菊水教授認為這樣的迴路在犬類馴化成家犬中應該是關鍵。

參考文獻：

● Oxytocin-gaze positive loop and the coevolution of human-dog bonds. http://dx.doi.org/10.1126/science.1261022

64

貓薄荷為什麼會讓貓咪為之瘋狂？

文／陸子鈞

貓皇帝可不單是貓奴這麼稱呼，牠們或許也真的覺得自己就像不可一世的皇帝，蹲踞在衣櫃上、樓梯間、電視上，向下俯瞰紛擾的人世，散發一種渾然天成的孤傲氣質。但無論再怎麼端莊的貓，聞到貓薄荷之後，也會不顧形象地翻滾、磨蹭，就像嗑了藥一樣。究竟是為什麼貓薄荷會讓貓這麼High？

貓薄荷（Nepeta cataria），其實是一種荊芥屬的植物，和薄荷（Mentha）不同。早在二百多年前，博物學家約翰雷（John Ray）就已經注意到貓薄荷會讓貓「幸福到想翻滾」，不過一直到了一九六〇年代，才開始有科學研究這個現象。當時還是哈佛大學博士生的陶德（Todd, N. B.），是第一位用科學方法研究「貓薄荷狂熱」的科學家。

他發現，貓薄荷含有一種叫荊芥內酯（Nepetalactone）的化合物，是讓貓咪為之瘋狂的關鍵。荊芥內酯和公貓尿液中的某些代謝物相似，於是母貓聞了以後會有類似發情的反應。但是三年後，帕雷（G F Palen）和戈達德（G V Goddard）發表的研究則認為，荊芥內酯可以讓貓咪表皮更敏感，打滾可以讓牠們感覺舒服一些。

無論是什麼原因，荊芥內酯確實是讓貓咪High的關鍵。

雖然陶德發現荊芥內酯和公貓尿液中的某些成分相似，但荊芥內酯卻不是像費洛蒙一樣作用。費洛蒙的感官是「犁鼻器」（vomeronasal organ, VNO），是在嗅覺以外的另一個化學受器。一九八五年一篇研究中，研究團隊移除了貓咪的犁鼻器，發現貓咪對貓薄荷仍然非常狂熱，但是移除嗅球後，貓咪就對貓薄荷明顯冷靜許多。因此，研究團隊認為，貓咪是藉由嗅覺接收到荊芥內酯，才引起古怪行為的。

貓咪要過了六個月大之後才會對貓薄荷有反應，但並不是所有貓咪都會對貓薄荷有反應，大約一成多的貓咪對貓薄荷無感。陶德觀察了八十四隻貓咪之後，在他一九六二年發表的研究中認為，貓咪對貓薄荷有反應，是一種顯性的體染色體遺傳，而且和毛色遺傳無關。就像中學生物課教的Aa×Aa普氏方格表（Punnett square）一樣，假如貓爸媽都是對貓薄荷有感的異型合子Aa，那麼就有四分之三的機會生下對貓薄荷有感的貓小孩。

此外，陶德也發現不只是家貓，其他野外的大貓，像是豹、山貓、非洲獅也會對貓薄荷有反應，實在很難相信印象中威猛的萬獸之王，會像小貓一樣翻滾、磨蹭。Hayashi曾經測試貓薄荷對數種動物的反應，包括狗、兔子、老鼠、豬……等等，結果發現只有貓會對貓薄荷有反應，好在這項研究沒有讓貓薄荷改名。

貓薄荷含有的荊芥內酯除了可以讓貓皇上龍心大悅之外，科學家還發現，荊芥內酯驅逐蟑螂的效果是市售驅蟲劑主要成分DEET的一百倍。除了貓薄荷，西歐甘松香（Valeriana celtica）也含有荊芥內酯，還有被稱作木天蓼的葛棗獼猴桃（Actinidia polygama）、纈草（Valeriana officinalis）所含的獼猴桃鹼（actinidine）、草蓯蓉（Boschniakia rossica）的草蓯蓉醛鹼（boschniakine）和草蓯蓉內酯（boschnialactone）、睡菜（Menyanthes trifoliata）的mitsugashiwalactone……等等植物，總共有十四種化學分子已經被研究證實能引起「貓狂熱」。

有趣的是，有些蟲子也能讓貓為之瘋狂。像是隱翅蟲Cafius屬、Creophilus屬、Gabrius屬、Hesperus屬和Philonthu屬的種類，分泌出的化學防禦物質也含有獼猴桃鹼。不只是隱翅蟲，澳洲肉食蟻（Iridomyrmex purpureus）所含的dihydro-nepetalactone，或是阿根廷螞蟻（Iridomyrmex humilis）、北美螞蟻（Iridomyrmex pruinosus）體內的阿根廷蟻素（Iridomyrmecin）、異阿根廷蟻素（Isoiridomyrmecin）也能引起「貓狂熱」。

雖然科學解開了貓薄荷的秘密，但為什麼貓薄荷會帶有荊芥內酯又剛好能讓貓咪狂熱，或許就跟貓奴為什麼會對貓皇帝死心塌地一樣千年難解，卻又是個不爭的事實。

參考資料：

- N.B. Todd (1963). The catnip response. Doctoral dissertationHarvard Biological Laboratories.
- Palen, G. F., & Goddard, G. V. (1966). Catnip and oestrous behaviour in the cat. Animal Behaviour, 14(2), 372-377.
- Hart, B. L., & Leedy, M. G. (1985). Analysis of the catnip reaction: mediation by olfactory system, not vomeronasal organ. Behavioral and Neural Biology, 44(1), 38-46.
- TODD, N. B. (1962). Inheritance of the catnip response in domestic cats. Journal of Heredity, 53(2), 54-56.
- Hayashi, T. (1968). Motor reflexes of cats to Actinidia polygama (Japan) and to catnip (U.S.A.). Pages 351-358 in N. N. Tanyolag, ed., Theories of odor and odor measurement. N. N. Tanyolac, Istanbul.
- Catnip Repels Mosquitoes More Effectively Than DEET. ScienceDaily. [Aug. 28, 2001]
- Tucker, A. O., & Tucker, S. S. (1988). Catnip and the catnip response. Economic Botany, 42(2), 214-231

65 煮熟的龍蝦為什麼會由藍變橘？

文／Afore

一提到龍蝦，我們通常都會想起煮熟的橘紅色大龍蝦被擺在餐盤上的誘人模樣；不過，在自然界中，龍蝦的顏色跟橘紅色可說是一點邊都扯不上，甚至還是牠的對比色——青藍色。那為什麼煮熟後的龍蝦會改變顏色呢？

歷經好幾年的研究與討論，英國曼徹斯特大學（The University of Manchester）化學學院的科學家和他們在不同國家的工作夥伴終於為這個問題提出了明確的答案。他們也將研究成果公布於英國皇家化學學會（Royal Society of Chemistry）的期刊中。

研究發現，龍蝦變色的關鍵在於一種叫蝦青素（astaxanthin，也被稱為蝦紅素）的色素，蝦青素的顏色就像是龍蝦煮熟後所呈現的橘紅色。當蝦青素與龍蝦體內的甲殼菁（crustacyanin）蛋白質結合後，會使龍蝦呈現原本的青藍色；不過，當龍蝦煮熟後，體內的蛋白質也會被破壞，使蝦青素又回到原本的游離狀態，而龍蝦也會變為橘紅色。在二〇〇二年，曼徹斯特大學的團隊已經透過X射線研究出龍蝦的晶體結構，並公布了這項研究。

現在，我們仍需要討論的問題是，是什麼樣的機制使原本處於游離狀態的蝦青素會與蛋白質結合、並改變顏色？研究團隊目前所找到的線索是，蝦青素帶有酸性，而這個特性使它容易與甲殼菁蛋白質產生反應。

該研究團隊的領導人，同時也是曼徹斯特大學教授的John Helliwell說：「自從我們在十三年前以X射線研究出晶體結構後，許多研究團隊也開始研究龍蝦的變色機制；現在我們終於有了答案。進行這項研究也許只是為了滿足我們的好奇心，但我們也可以將這個結果應用在現實生活中。」

Helliwell舉例，將蝦青素與甲殼菁結合後，帶有保健功效的蝦青素就能順利被運送到人體的特定部位。另外，研究團隊也能利用蝦青素會隨著溫度上升而改變顏色的特性，協助人們觀察食物煮熟了沒。最後，Helliwell也表示，希望能藉由這項研究激起孩童和大眾對於科普和海洋生態環境的關注。

參考文獻：

● Lobster colour change mystery solved phys.org [Apr 29, 2015]

66 怎麼利用蚊蟲的習性來消滅病媒蚊？

文／曾皓佑

「清除孳生源、防治登革熱」是大家朗朗上口的口號；不過隨著登革熱疫情爆發，有些人會質疑，大費周章清除積水容器，卻似乎永遠清不完，而且有很多無法清除的積水，這樣「清除孳生源、防治登革熱」的策略會有用嗎？

那麼清除孳生源以及化學防治之外是否還有方法？有的！也就是利用蚊蟲產卵習性的「推拉策略」。「推」是指將孳生源清除，把蚊蟲推離可能的孳生源；「拉」是指將蚊蟲誘集進入假孳生源陷阱並殺死蚊蟲。

這個陷阱被稱為「產卵誘殺器」（lethal ovitrap/autocidal gravid ovitrap）（註1），一般的產卵誘集器（ovitrap）是在黑色桶子內裝水，誘引病媒蚊產卵，過一定時間後回收。這是用於調查病媒蚊密度的主要工具，一九六九年新加坡的科學家首次將產卵誘集器作為防治登革熱病媒蚊的工具（註2）。

經過長期改良，現在常見的產卵誘殺器裝置是在桶子內壁添加黏膠或黏紙，黏住飛進誘殺器的蚊子導致死亡，桶內也有對付蟲卵孵化疑慮的設計，誘殺器中的水可以添加殺蟲劑或微生物製劑殺死幼蟲，桶內也能放置吸引病媒蚊的物質，

增加誘引效果。這方法在登革熱流行的泰國及巴西的試驗都顯示能夠降低蚊蟲數量（註3、4）。

使用誘殺器必須與病媒蚊的產卵習性配合。斑蚊偏好陰暗、乾淨的靜水，而且斑蚊並非將卵產在水上或水裡，是將卵產在水邊的壁上，也因此誘集器皆是黑色桶子並且只裝三分之一到一半的水。放置時，桶子也要盡量靠近斑蚊棲息的場所，室內放置在房屋角落、陽台、樓梯間等處，室外主要以有遮蓋陰暗處或低矮樹叢等。

另外，埃及斑蚊及白線斑蚊產卵時會有「產卵分散」的行為，這是分散風險的概念，蚊子一次吸飽血懷卵約一百到二百顆不等，懷卵的雌蚊會將這些卵分別產在不同的積水中。這表示，當積水容器被清除之後，帶有登革熱病毒的懷卵雌蚊可能會為了尋找產卵地，而增加移動距離，將病毒傳播到較遠的地方，所以誘殺器的數量必須夠多，才有辦法與環境中潛在的積水處競爭。

正因如此，誘殺器的主要缺點就是必須花費較多的人力替換補充，但優點是它能誘殺懷卵雌蚊，阻止可能帶病毒的雌蚊將病毒傳出，也避免其產生後代，進而減少病媒蚊密度，並能引誘化學防治過程遺落的病媒蚊，補起化學防治的缺口。目前台灣僅小規模試驗擺放產卵誘殺器，若是讀者住家附近有擺放，千萬別當作孳生源清除掉！

網路上有人推廣使用生態缸養魚防登革熱病媒蚊，不過這實際用途不大：主因是斑蚊並不偏好這類的環境產卵。雖然這想法有點接近誘殺器的概念，但卻放走了會傳播登革熱的雌蚊；而且如果水缸缺乏管理，反而又會成為各種蚊蟲的孳生源。

單獨利用產卵誘殺器並不能有效防治登革熱，病媒蚊的防治必須配合眾多防治方法，進行綜合防治：積極清除孳生源，做好環境管理避免產生更多病媒蚊；有病例發生時，緊急噴藥處理，殺死可能帶毒蚊蟲；利用蚊蟲習性設計防治方法，並做好個人防護避免被叮咬，才有機會控制住每年在台灣流行的登革熱。

參考文獻：

[1] Barrera R., Amador M., Acevedo V., Caban B., Felix G., Mackay A. J. 2014. Use of the CDC autocidal gravid ovitrap to control and prevent outbreaks of Aedes aegypti (Diptera: Culicidae). J. Med. Entomol. 51: 145-154.

[2] Chan, K. L., N. S. Kiat, and T. K. Koth. 1977. An autocidal ovitrap for the control and possible eradication of Aedes aegypti. Southeast Asian J. Trop. Med. Publ. Health 8: 56-61.

[3] Sithiprasasna R., Mahapibul P., Noigamol C., Perich M. J., Zeichner B. C., Burge B., Norris S. L., Jones J. W., Schleich S. S., Coleman R. E. 2003. Field evaluation of a lethal ovitrap for the control of Aedes aegypti (Diptera: Culicidae) in Thailand. J. Med. Entomol. 40: 455-462.

[4] Perich M. J., Kardec A., Braga I. A., Portal I. F., Burge R., Zeichner B. C., Brogdon W. A., Wirtz R. A. 2003. Field evaluation of a lethal ovitrap against dengue vectors in Brazil. Med. Vet. Entomol. 17: 205-210.

67 貓咪比較喜歡有室友的環境嗎？

文／陸子鈞

身為貓奴之一的我，看到〈貓咪發出「呼嚕聲」代表壓力大：一直以來都會錯意了？〉這則新聞時，心頭為之一震，深恐虧待了家中的喵皇陛下，忍不住點進去看究竟是怎麼一回事。像貓一樣好奇再加上對該媒體的「成見」，我從幾個關鍵字找到國外的相關報導（ScienceDaily、dailymail——英國每日郵報、HuffingtonPost），發現這很可能又是網路媒體自己腦補——原來的研究是在討論家貓的「同居」狀況，還有飼主的互動方式，完全沒有提到新聞標題的「呼嚕」（purring）。

這項由跨國團隊發表的研究，其實是在探討天生獨居的貓和人類同居，甚至同時有另外一隻或一隻以上的「貓室友」，會不會感到壓力。研究團隊調查家中只有一隻、兩隻、及兩隻以上的貓咪，以糞便中糖皮質酮濃度（glucocorticoid metabolites, GCM）作為壓力的指標。結果發現幾隻貓一起住，並不會影響壓力荷爾蒙的濃度（濃度高，壓力高）。但是對六個月至二歲大的小貓來說，群居較獨居的壓力還小，可能是因為這段時期的小貓比較愛玩。

研究團隊也調查了飼主和貓互動的方式（像是梳毛、撫摸），結果發現能夠

「忍受」（而非「不喜歡」或者「享受」）飼主撫摸的貓，糞便中糖皮質酮濃度較高。研究團隊中的米爾斯教授補充說：如果不喜歡被撫摸的貓，和其他喜歡、或者能忍受被撫摸的貓一同居住，那麼牠可能就會迴避飼主的撫摸，所以不會感到壓力。米爾斯教授還提到，如果你同時養幾隻貓，或許增加牠們飲食及貓砂屋的地點，順應牠們的領域性，減少可能產生的壓力。

看完研究還有ScienceDaily上林肯大學發佈的報導之後會發現，並不如《英國每日郵報》所寫的「沒有貓咪喜歡被撫摸」（no cats enjoyed being stroked），也更沒有國內網路媒體提到的「呼嚕」。

「為什麼貓咪要『呼嚕』？」還是個謎，不過如果「呼嚕」是過去所認為的代表放鬆、開心，那麼你家阿喵被撫摸的時候會呼嚕的話，那就繼續撫摸牠吧，別管「國際中心」報導了什麼。倒是貓咪被撫摸沒什麼反應，才要想想是不是牠正在「忍受」你的撫摸（如果牠不喜歡被撫摸，自己會巧妙地逃開）。

研究報告：

- Ramos, D., Reche-Junior, A., Fragoso, P. L., Palme, R., Yanasse, N. K., Gouvêa, V. R., … & Mills, D. S. (2013). Are cats (Felis catus) from multi-cat households more stressed? Evidence from assessment of fecal glucocorticoid metabolite analysis. Physiology & Behavior.

68

如何從毛色來猜出貓咪的性別？

文／陸子鈞

說橘子貓「都是」男生也太絕對，如果只考慮對偶基因和性聯遺傳，是有三分之一的機會出現女生橘子貓。要是你對中學生物課本上的「色盲」遺傳還有印象，那麼應該直覺會聯想到「性聯遺傳」。沒錯，貓咪毛色的遺傳的確是性聯遺傳——決定毛色的對偶基因坐落在性染色體上，也就會出現公母性狀比例不等的現象。

貓咪毛色由Orange基因（對偶基因O/o）決定。Orange對偶基因顯性「O」會表現紅褐色的嗜鉻黑色素——phaeomelanin，隱性「o」則表現黑色的真黑色素eumelanin。特別的是，這組對偶基因互為「共顯性」（codominance），也就是說如果一隻貓為異形合子（heterozygous）Oo時，會同時表現紅色與黑色。但是因為Orange基因位在X性染色體長臂（q arm）上，公貓的性染色體是XY，而Y染色體上不帶有毛色基因，因此只會根據X染色體上基因表現毛色；也就是說公貓要嘛就是XoY——的黑色，或者XOY——的「紅色」——也就是橘子貓啦！

這也解釋了為什麼有多種毛色的三花貓或者玳瑁貓只可能是母貓，因為母貓的性染色體是XX，如果一個X染色體上的Orange基因為顯性，另一個是隱性，就會同時顯色（共顯性）。只有顯性同型合子，當兩個X染色體上都是「O」，才會出現母的橘子貓。

此外，因為公貓的Y染色體一定來自牠爸，所以決定公貓毛色的X染色體就是由母貓的遺傳決定的，也就是說橘子貓的母親除了是橘貓之外，也可能是三花貓或玳瑁貓。

那麼橘子貓有多少比例是母貓呢？我們可以根據孟德爾定律，排出理想上橘子貓的公母比例，三隻橘貓裡面只有一隻是母貓！

到底是三花還是玳瑁？

前面提到，看起來差很多的三花貓和玳瑁貓其實Orange基因一樣，那麼是什麼基因決定牠成為三花貓或者玳瑁貓呢？

在體染色體上，還有一組對偶基因white spotting（S）。當異型合子O/o母貓表現white spotting顯性，牠就會成為大色塊的三花貓；假如white spotting基因為隱性，就會成為均勻混色的玳瑁貓。

			公貓			
			橘貓		非橘貓	
			X^O	Y^-	X^o	Y^-
母貓	橘貓	X^O	$X^O X^O$ 橘子 母	$X^O Y^-$ 橘子 公	$X^O X^o$ 玳瑁 / 三花	$X^O Y^-$ 橘子 公
		X^O	$X^O X^O$ 橘子 母	$X^O Y^-$ 橘子 公	$X^O X^o$ 玳瑁 / 三花	$X^O Y^-$ 橘子 公
	非橘貓	X^o	$X^O X^o$ 玳瑁 / 三花	$X^o Y^-$ 非橘子 公	$X^o X^o$ 非橘子 母	$X^o Y^-$ 非橘子 公
		X^o	$X^O X^o$ 玳瑁 / 三花	$X^o Y^-$ 非橘子 公	$X^o X^o$ 非橘子 母	$X^o Y^-$ 非橘子 公
	三花 / 玳瑁	X^O	$X^O X^O$ 橘子 母	$X^O Y^-$ 橘子 公	$X^O X^o$ 玳瑁 / 三花	$X^O Y^-$ 橘子 公
		X^o	$X^O X^o$ 玳瑁 / 三花	$X^o Y^-$ 非橘子 公	$X^o X^o$ 非橘子 母	$X^o Y^-$ 非橘子 公

這可能是因為顯性white spotting使得皮膚的黑色素母細胞（melanoblasts）數量減少，色塊能夠擴張的關係，也就出現了三花貓的樣式。三花貓的白色區域則可能是缺乏成熟的黑色素細胞（melanocyte）所致。

那麼白貓呢？

貓咪的白毛是由另一組「白毛」對偶基因W所決定。當W/w基因為顯性時——也就是說當合子基因型為WW或Ww——就會減少黑色素細胞的數量，導致白毛出現。

不過事情沒這麼單純，「白

毛」基因對剛剛提到位在X染色體上的毛色基因來說有「上位效應」（epistasis）。換句話說，無論橘貓（公：母：XrXr）、黑貓（公：母：XbXb）或花貓（母：XrXb），只要白毛基因為顯性，就會表現白毛！反過來說，只有當白毛基因為隱性的同型合子（ww），才會表現出X染色體上的基因組合。

在W基因之外，還有組「C」對偶基因調控著酪胺酸酶（Tyrosinase）表現，而酪胺酸酶在合成黑色素的步驟中扮演要角。當C為隱性（也就是ｃｃ合子），就會表現「白化」（Albinism）。

有些W顯性或者ｃ隱性的貓咪，眼睛（一眼或雙眼）的虹膜會因為減少和失去黑色素而呈現藍色。這可以解釋為什麼一些白貓又不是ＦＦ１０的尤娜（ＹＵＮＡ），兩眼虹膜的顏色卻不同。

參考文獻

- Cat coat genetics — wikipedia
- Schmidt-Küntzel, A., Nelson, G., David, V. A., Schäffer, A. A., Eizirik, E., Roelke, M. E., … & Menotti-Raymond, M. (2009). A domestic cat X chromosome linkage map and the sex-linked orange locus: mapping of orange, multiple origins and epistasis over nonagouti. Genetics, 181(4), 1415-1425.

- Grahn, R. A., Lemesch, B. M., Millon, L. V., Matise, T., Rogers, Q. R., Morris, J. G., … & Lyons, L. A. (2005). Localizing the X-linked orange colour phenotype using feline resource families. Animal genetics, 36(1), 67-70.

國家圖書館出版品預行編目資料

不腦殘科學 2 / PanSci 泛科學專欄作者群 著 . --
初版 . --
臺北市：平安文化，2017. 7 面；公分 . --
（平安叢書；第 536 種）（TOPIC 話題書；18）
ISBN 978-986-93608-1-4（平裝）

1. 常識手冊

046 105017515

平安叢書第 0536 種
TOPIC 話題書 18

不腦殘科學 2

作　　者—PanSci 泛科學專欄作者群
發 行 人—平雲
出版發行—平安文化有限公司
台北市敦化北路 120 巷 50 號
電話◎ 02-27168888
郵撥帳號◎ 18420815 號
皇冠出版社（香港）有限公司
香港上環文咸東街 50 號寶恒商業中心
23 樓 2301-3 室
電話◎ 2529-1778　傳真◎ 2527-0904
總 編 輯—龔橞甄
責任編輯—蔡維鋼
美術設計—王瓊瑤
著作完成日期— 2017 年 3 月
初版一刷日期— 2017 年 7 月

法律顧問—王惠光律師

讀者服務傳真專線◎ 02-27150507
電腦編號◎ 503018
ISBN ◎ 978-986-93608-1-4
Printed in Taiwan
本書定價◎新台幣 260 元 / 港幣 87 元